奎文萃珍

明狀元圖考

［明］顧鼎臣 撰

文物出版社

圖書在版編目（CIP）數據

明狀元圖考 / (明) 顧鼎臣撰. -- 北京 : 文物出版社, 2019.9
（奎文萃珍 / 鄧占平主編）
ISBN 978-7-5010-6149-5

Ⅰ. ①明… Ⅱ. ①顧… Ⅲ. ①狀元 - 生平事迹 - 中國 - 明代 Ⅳ. ①K820.48

中國版本圖書館CIP數據核字(2019)第101870號

奎文萃珍
明狀元圖考 〔明〕顧鼎臣 撰

主　　編：鄧占平
策　　劃：尚論聰　楊麗麗
責任編輯：李縉雲　李子裔
責任印製：張道奇

出版發行：文物出版社
社　　址：北京市東直門内北小街2號樓
郵　　編：100007
網　　址：http://www.wenwu.com
郵　　箱：web@wenwu.com
經　　銷：新華書店
印　　刷：藝堂印刷（天津）有限公司
開　　本：710mm × 1000mm　1/16
印　　張：28
版　　次：2019年9月第1版
印　　次：2019年9月第1次印刷
書　　號：ISBN 978-7-5010-6149-5
定　　價：160.00圓

序言

《明狀元圖考》爲明代歷科狀元的傳記集，并録狀元詩文。傳記一人配一文一圖，文字叙歷科狀元科次功名及夢兆、逸事，圖繪則演繹其中有警示及教化意義的故事，所謂『圖其事之奇也，圖其事之兆也』（湯賓尹序）。此類書在明代屢有刊刻，『大抵坊肆所刊，售之考棚中者，士之每喜得之，以博佳兆』（黄裳《來燕榭讀書記》）。此本卷前列參用書目五十七種，其中《狀元録》《狀元紀事》《俞氏登科考》《明狀元考》《狀元全考》《狀元奇异編》，均爲此類書籍，可見當時暢銷的程度。

此書的原創者應該是顧祖訓，後由吴承恩（此非《西游記》作者山陽吴承恩）、程一楨校訂增補。卷首題『句吴大學士顧鼎臣孫祖訓彙編、新都後學吴承恩錫父、程一楨君寧校益』。《凡例》也説，此書是顧氏『博兼采京省諸刻，詮訂魯魚』而成。又説『顧氏舊刻止于隆慶辛未，坊刻萬曆十一科者，又略而未詳』。吴承恩等人有鑒於此，乃『會集諸刻，細加讎校，兼的訪今科事實、夢兆增入』。顧祖訓生平寂寂無聞，但他的名字前面冠以『顧鼎臣孫』，估計是爲了抬高此書身價，增加銷量。顧鼎臣（一四七三—一五四〇），字九和，初名仝，號未齋。崑山人。弘治十八年（一五〇五）乙丑廷試狀元，後以禮部尚書兼文淵閣大學士入參機務，尋加少保、太子太傅。卒后謚文康。《明狀元圖考》記載顧鼎臣夢兆、奇事五則，其一記顧鼎臣『每夜焚香表祈父壽，願以己壽益親。一夕夢黃鶴從天飛來，近視之，即所焚表也。內一大「院」字，末有硃批字數行。末云「自此以後，聞田單火牛，通行無滯」』，蓋爲乙丑年高中狀元的夢兆，繪入圖者即此則。吳承恩、程一楨則生平無考，唯賴此書傳名。

此書萬曆三十五年（一六〇七）由吳承恩、黃文德聯手合刊，繪圖、寫樣、鐫板均聘請了歙縣虬村名手。繪圖者黃應澄，書工黃應纘。《凡例》說：『茲考得良史黃兆聖（即黃應澄）氏，以像屬焉。即鼎元諸公，始終履歷殆難盡摹，而人各繪一事，事各揭其錚錚者，沉思細繪，令當年神采异世可見。』又說，『字貴宋體，取其端楷莊嚴，可垂永久，黃嗣宗氏，最擅臨池，茲刻蓋其手筆，深有宋意。』據《中國古籍版刻辭典》，黃應澄存世作品僅見《狀元圖考》，黃應纘除是書外，另寫刻有《通鑒輯要》。刻工亦來自虬村黃氏家族，《凡例》云『繪與書雙美矣，不得良工，徒爲災木。屬之剞劂，即歙黃氏諸伯仲，蓋雕龍手也』。圖中可見名字者，有黃應瑞、黃應渭、黃應泰、黃德修等人。因此，這部書是集合了黃氏一族之力量而成，在當時即引起轟動，以致『通都大邑，薦紳巨室，家藏鄴架，籍爲宏覽』『窮陬僻壤，得于耳目睹記者，佔畢俊髦凝然』。書中的版畫尤令人稱道，即使在版畫技術登峯造極的萬曆時代，《明狀元圖考》仍可置身于第一流作品之列。鄭振鐸《中國古代木刻畫史略》稱『《狀元圖考》作爲一部木版畫集，是永生著的』。在《明代的徽州版畫》一文中，鄭氏對於其版畫技藝作了詳細的描述：『幾乎没有寸點地方是被疏忽的。欄杆、屏風和桌子的綫條是那么齊整，老婦、少年以至侍女的衣衫襞折，是那么軟柔，大樹、盆景、假山，乃至屏風上的圖畫，侍女衣上的繡花，椅上的墊子的花紋，哪一點是曾被刻者所忽略過？連假山邊生長的一叢百合花，也都并不曾輕心的處置着。』黄裳的《榆下説書》則説：『雖然是近百幅的大型畫册，也毫無單調雷同之感，比起《人鏡陽秋》來要好得多。刻工更是極高明的，它工緻，但毫不板滯。綫條是細膩的，但不排除重筆。』

此書版至明崇禎時有增訂補版，收録萬曆三十八年（一六一〇）至崇禎七年（一六三四）狀元傳記及資料。至清初板片又爲武林陳枚購得，補版并增刻爲六卷本。清道光時，漢陽叶氏平安館重刻是書，但僅刻前三卷。萬曆三十五年原刊本存世不多，足本尤難得。此次影印，即據明萬曆原刊本影印，個別殘損書頁配補清初陳枚增補本。

狀元圖考跋

狀元繪圖續考者吳君錫氏偕黃承甫氏合梓而傳者也君錫氏嘗夢人語之曰論文多暇日盡閱狀元考資省覽乎且謭謭如是語者三覺而占之此夢胡爲乎來哉將無繆悠遼遼如昔人蕉鹿

幻也耶凡坊间之鬻是書者貿之不下數夲每手一編輒嘆曰國朝取士首重藝選各坊所刻規制猥瑣直與稗官小説混濫輕褻無感手不足以當大方之一盻也亟欲翻謄重梓而力難獨任黄豫甫氏曾覩是書喜其事亦欲重付剞

劂公諸同志遂相與博加考訂迺取崑山顧氏舊刻搜剔幽隱復以諸刻纂集其中前列繪圖即其生平履歷不能盡摹而間有一事可以警動心目者精覈詳搆悉出能品妙手潛思默運細密縟麗使當日丰神異世如見殆若少陵公

所謂毫髮無遺恨波瀾獨老成者非耶
此刻一出不惟通都大邑薦紳巨室家
藏鄴架藉爲宏覽而窮陬僻壤得于耳
目覩記者佔俾俊髦凝然收息翼異之功
即閨閣賢淑聿然興和熊之念其激世
勸俗所以陰助國家樵薪之化豈淺尠

哉故爲之識其顛末如此

旹

萬曆丁未秋中元日

海陽吳立性無相甫敬跋

狀元圖考叙

夫狀元有考矣復圖之者何圖其事之奇也圖其兆之異也譬之神龍然其初潛大海也泥蟠淵屈与衆鱗介無異迨於角養成將出騰

蒼冥而作霖雨先必天日蔽障雲
霧鬱蒸人莫窺其端倪此猶龍奇
異也矧狀頭大魁固人龍也獨無
奇異哉如古先進夢筆生花洛陽
紙渡夢產曾子從從皆先發奇兆

也

明歷科狀元即晉秩秇苑多秉軸

台衡方未離蔬釋蹻讀書艸茅中

與士庶儔伍耳然天地神鬼每阿

護不祥顯厥靈異後果首唱彤廷

勲猷彪炳質諸曩时夢兆若符契厭蓋自孕育澡髮時天降嶽誕神物已鍾靈而毓秀矣特塵埃中人未易物色耳余故表而出之為之叙圖考以勗諸同志云

萬曆己酉歲端陽日

霍林湯賓尹謹叙

狀元圖考凡例

一茲考也原本崑山顧氏兼博采京省諸刻詮訂魯魚付之殺青庶幾可稱全集

一顧氏舊刻止于隆慶辛未坊刻萬曆十一科若又畧而未詳茲會集諸刻細加讐校兼的訪今科事實夢兆增入試懸國門可以喚醒塵夢

一圖者像也像也者象也象其人亦象其行余因夢徵校益茲考得良史黄兆聖氏以像屬焉與門元諸公始終履歷殆難盡摹而人各繪一事

事各揭其錚錚者沉思細繪令當年神采異世
如見盒窺一斑可知全豹矣且以備繪事之賞
鑒

一字貴宋體取其端楷莊嚴可垂永久黄嗣宗氏
最擅臨池茲刻盒其手筆深有宋意

一繪與書雙美矣不得良工徒爲災木屬之剞劂
即歙黄氏諸伯仲盒彫龍手也

一及第諸公詩詞多膾炙人口顧乇舊刻寥寥數
首諸刻亦不過百首今訪之詩家増以遺編校

增六十餘首共成一卷謂頌詩知人尚友者所不廢也其有限于聞見所未及者不憚旁求以待後科增刻

一狀元及第例有謝表舊刻僅四篇今仍刊入以附詩後

一顧氏考末有總考而諸刻亦有通考總考分考者僉備載三及第會元姓氏履歷茲併刻卷末以便攷覈

一士人應試占夢兆者固多而談星學者亦不少

顧氏考末有狀元命造評註諸刻又附三及第會元命造今併附卷終庶無遺珠之嘆亦見司命之獨异云

海陽吳承恩君錫父謹識

國朝廷試事儀

三月初十日禮部尚書兼翰林院學士臣某等

於

皇極門奏爲科舉事會試天下舉人取中三百　名

本年三月十五日

殿試合行擬讀卷官及執事等官少師兼太子太師

吏部尚書中極殿大學士某等六十四員某進

士出身等第恭依

太祖高皇帝欽定資格第一甲例取三名第一名從

六品第二第三名正七品賜進士及第第二甲
從七品賜進士出身第三甲正八品賜同進士
出身奏
聖旨是欽此
讀卷官
三閣下 六部尚書 吏部左侍郎兼翰林侍
讀學士 詹事府詹事及少詹事 翰林院侍
讀及侍講學士 都察院及大理寺官員共一
十七人

提調官

禮部尚書及左右侍郎三人

監試官

監察御史二人

受卷官

翰林侍講侍讀及都給事共四人

彌封官

翰林光祿鴻臚都科部屬中書舍人共十四人

掌卷官

翰林脩撰編脩檢討及二都科共六人
巡綽官
都督至指揮武職共八人
印卷官
禮部郎中及主事共四人
供給官
光祿少卿寺丞及禮部主事司務共六人
恩榮次第
某年三月十五日早諸貢士赴

內府
殿試
上御
皇極殿
親賜策問
三月十八日早
文武百官朝服侍班是日錦衣衛設鹵簿于
丹陛丹墀內
上御

皇極殿鴻臚寺官傳

制唱名

禮部官捧

黃榜鼓樂導引出

長安門外張掛畢順天府官用傘蓋儀從送狀元

歸第

三月十九日

賜宴於禮部宴畢赴鴻臚寺習儀

三月二十一日

賜狀元朝服冠帶及進士寶鈔

三月二十二日狀元率諸進士上

表謝

恩

三月二十三日狀元率諸進士詣

先師孔子廟行釋菜禮

禮部奏請

命工部於國子監立石題名

緝狀元圖考采用書目

俞氏登科考　田汝成記

狀元紀事　狀元錄

皇明通紀　殿閣詞林記

革除錄　枝山野記

水東日記　天順日錄

西樵野記　餘冬錄

雙槐歲抄　菽園雜記

懸笥瑣探　彭文憲筆記

皇甫錄聞畧　七脩類藁
近峰聞畧　治世餘聞
百可漫志　汪惇年譜
讕言編　閒中今古
震澤長語　客坐新聞
義命編　瑣綴錄
吏隱錄　石田雜纂
百夢集　夢徵錄
吳中往哲記　庚巳編

郭璞遷城記　山東志
江西志　吉安志
進賢志　温州志
崑山志　八閩志
襄陽志　西湖志餘
東里先生文集　金川玉屑集
巢睫集　一峰集
升菴詩集　龍峰集
畏齋集　文憲摘考

陸深文集　汝南詩話

明狀元考　狀元奇異編

狀元全考

明狀元圖考目錄卷之一

高祖 孝陵

洪武三十三年庚辰胡　廣　江西吉安府吉水人

成祖　長陵

永樂二年甲申曾　棨　江西吉安府永豐人

永樂四年丙戌林　環　福建興化府莆田人

永樂九年辛卯蕭時中　江西吉安府廬陵人

永樂十年壬辰馬　鐸　福建福州府長樂人

永樂十三年乙未陳　循　江西吉安府泰和人

永樂十六年戊戌李　騏　福建福州府長樂人

永樂十九年辛丑曾鶴齡　江西吉安府泰和人

永樂二十二年甲辰邢　寬　直隸廬州府無爲人

宣宗　景陵

宣德二年丁未馬　愉　山東青州府臨朐人

宣德五年庚戌林　震　福建漳州府長泰人

宣德八年癸丑曹　鼐　直隸眞定府寧晋人

增狀元圖考

句吳大學士顧鼎臣孫祖訓彙編

吳承恩君錫父

新都後學　程一楨君寧父　校益

黄文德承甫父

吳脩道敬夫父　仝閲

黄應澄兆聖父繪圖

黄應纘嗣宗父書考

武林陳　枚簡矦父增訂

應瑞

狀元吳伯宗

洪武四年辛亥　廷對之士俞友仁等一百二十人擢吳伯宗第一　賜伯宗等進士及第出身有差

按吳伯宗字名祐江西金谿人父儀元鄉貢進士伯宗生而岐嶷十歲通舉子業識者奇之嘆曰玉光劍氣終不可揜洪武庚戌鄉試及　殿試俱第一是時初開科　高皇帝親製策問伯宗條對稱　旨　賜袍笏冠服授承直郎禮部員外郎第二第三授承事郎二三甲同　登科考洪武六年罷科舉專用辟薦

其目有經明行脩有懷才抱德有賢良方正有人材
有孝廉群舉於朝而各省貢士皆令卒業太學以次
除用盖罷進士之科者十有二年而復舉之
是科高麗國人試者三人惟金濤登第授東昌府
安丘縣丞尋以不通華言請還本國　詔給道里
費遣之登科錄止刻策一篇

狀元丁顯

洪武十八年乙丑會試中式士四百七十二人黄子澄第一練子寧次之皆監生也第三名花綸乃浙江新解首及殿試讀卷官奏綸第一子寧次之子澄又次之是年童謡云黄練花花練黄時人莫解比會試及讀卷所擬名數正協童謡先一夕 上夢殿前一巨釘綴白絲數縷悠揚日下及折首卷乃花綸上以其年少抑之巳而得丁顯卷姓名與夢符且顯字曰下雙絲也遂擢狀元花之被選一時無不知者故同

榜皆呼爲花狀元練子寧集有送花狀元歸娶詩

按丁顯字彥偉福建建陽縣人時年二十八授脩撰

後獲譴歸德業文章無聞焉　殿閣詞林記洪武初

翰林院官皆由薦舉進雖設進士科未有入翰林者

是科以第一甲賜進士及第丁顯練子寧黄子澄爲

脩撰第二甲賜進士出身馬京等爲編脩吴文等爲

檢討皆出簡用不由選法命下吏部惟銓註而已至

戊辰以第一任亨泰爲脩撰第二唐震第三盧原質

爲編脩著爲令

狀元任亨泰

洪武二十一年戊辰　廷對之士施顯等九十九人

擢任亨泰第一罷對策不稱旨者二人

按任亨泰湖廣襄陽人有司推薦赴應天由監生中

式　廷試條對詳切卽以天下爲巳任　上親擢爲

第一寵遇特隆授脩撰毎召建議卽賜手詔書襄陽

任而不名　襄陽志亨泰狀元及第　太祖曰新狀

元得人勑有司立牌坊以榮之故坊上特揭　聖旨

字他坊惟恩榮小扁此我　朝天下牌坊之始十三

歲時嘗題扇面云泉日初升萬木低畫船撑出小樓
西先生正熟朝天夢門外山禽莫亂啼其實達也人
以是詩預占之　狀元記事赴考前夕問響卜木杓
指北行聞有病內熱者覆醫人曰昨服第一鍾甚亨
泰即回曰吾已得讖矣

狀元許觀

洪武二十四年辛未　廷對之士許觀等三十一人擢許觀第一

按許觀字瀾伯直隸貴池人本姓黃從母姓許嘗築翠微書舍勤讀書鄉會試俱第一時年二十八廷對禦戎策以天道福善禍淫之機人事練兵講武之法爲言　高廟嘉之擢狀元及第官至禮部侍郎後建文中死於靖難妻翁氏及二女亦赴水死節　按此則許觀已三元矣當時不傳想削籍而人不知故耳

卷一

九

狀元張信

洪武二十七年甲戌　廷試彭德等一百人擢張信第一

按張信字誠甫浙江定海人鄞人單仲友徵至京師備顧問因言本府名明州與　國號同請易之　上徐思之曰汝言是也復詢仲友山川讖緯之詳仲友對曰昌國縣舟山之下有狀元橋盖因讖故名而童謠謂狀元出定海以臣觀之二邑素無顯異將有待耶上聞定海之名喜曰海定則波寧宜改名寧波蔣

洪武十四年也迄二十年省昌國併入定海二十七
年縣人張信果應其讖盖信即昌國在城人也又郡
守務架石梁有謡曰人從橋上行狀元此時生其父
晉從橋行逮還家有生兒之喜及舉鄉薦赴京夢以
竹片反押青犬頭置几上解者曰竹片反押青犬乃
狀字置几上奏元字兒當甲戌必魁天下果如言

狀元陳䢿　三月榜

狀元韓克忠　六月榜

洪武三十年二月會試天下貢士學士劉三吾等爲考官取泰和宋琮等五十二人中原西北士子無預者三月　殿試以閩縣陳䢿爲第一北方舉人咸以爲言　上閱所取皆南士疑之命儒臣再考下第卷中擇其優者取之於是侍讀張信等受命人各閱十卷果以不堪文字奏進　上益怒於是取六十一人殿試再試策問以山東韓克忠爲首時六月辛巳

[illegible]皆山東山西河南北平陝西四川士也　登科考陳郯閩人精數學就試之日謂所親曰今歲狀元當刑奈何已而身罹之　山東志韓克忠山東武城人授翰林修撰學行淳實七月命克忠署司業事其竟寵擢如此克忠輿敝補壞脩明學政論者謂祭酒宋訥之後克忠足以繼之尋遷河南僉事卒

世稱春榜夏榜以此又謂南北榜進士郯等伏法削籍故今但有克忠榜而郯榜無可考矣若會試錄則猶存也

狀元胡廣

洪武三十三年庚辰實革除二年也　廷對之士吳溥等一百一十人擢胡廣第一

按胡廣字光大號晃菴江西吉水生八歲而孤好學日記數千言德器不凡及登第　建文謂其名與漢臣同且胡人豈可容廣更名靖時年三十六　狀元錄吉水縣東有鑑湖諺云鑑湖水決出狀元是歲水決胡廣應之　西樵野記胡廣吳溥　廷試俱取首甲而狀元未定上雖注意於溥然試問小內豎曰今

年狀元在何處即對曰在湖廣閱之胡廣其名也遂
舉第一　華除錄廷對定王艮亦第一　建文以艮
貌不及廣且廣策有親藩陸梁人心搖動之語稱旨
遂以廣易之
登科考上名靖至永樂中得幸復疏名廣耳

玉堂

狀元曾棨

永樂二年甲申 廷對之士楊相等四百七十一人遵洪武乙丑例也擢曾棨第一

按曾棨字子棨江西吉水人自幼頴敏端重言笑不苟五歲識象戲字治書經舉進士對策幾二萬言不起草 上奇其才召問典故輙應口對命撰天馬海青歌揮筆立就詞氣豪宕賜冠帶朝服馬瑙帶深沐眷寵群士有以文士薦者每曰得如吾曾棨否耶

登科考成祖欲求博聞多識之士命學士解縉採天

文律曆爲題意士必爲所窘及得槃卷學問淵邃敷
奏詳明　上批貫通經史識達天人有講習之學有
忠愛之誠擢冠天下昭我文明尚資啓沃惟良顯哉
山野記有外使至稱善飲有司推能伴飲者得一
武弁猶恐不勝　上令廷臣自薦曾請往　上問卿
量幾何對曰無論量但當陪過此使逮往三人黙飲
終日外使已酣武人亦潦倒內翰爽然復命　上笑
曰無論文學此酒量豈不爲大明狀元耶錫以內醞
甚厚

狀元林環

永樂四年丙戌　廷對之士朱縉等二百一十九人擢林環第一

按林環字崇璧福建莆田人　八閩志幼時矢口成誦甫成童肆筆成章登第授脩撰脩　永樂大典兩爲會試考官從　幸北京進講經筵音語洪亮大被眷寵卒年四十　蓼徵錄環將試春闈夢友李文淵送犬肉一片環彎一臂受之盆片犬乃狀字彎一臂類元字後官文淵閣學士始悟李文淵乃先兆也

易生

狀元蕭時中

永樂九年辛卯　廷對之士擢蕭時中第一

七年巳丑中會試陳璲等八十四人　上巡狩北京

詔禮部以璲等寄監讀書是年駕還京乃舉　廷試

按時中字可後江西廬陵人少負大志每言不怕鬼時郡學尊經閣多怪諸友試之先以衣置閣中暮令往取曰能此方見心正時中至閣中聞婦人聲問曰此何邪也婦曰我學前某人妻二鬼迷至鬼見君來遂曰蕭狀元來悉逃時中出呼其夫攜其妻歸

狀元馬鐸

永樂十年壬辰　廷對之士林誌等一百六十人擢馬鐸第一

按馬鐸字彥聲號梅岩福建長樂人　義命編鐸初與邑人林誌同學誌高才博學鐸亦自知其不及誌鄉試會試俱第一比殿試出偏护諸名士之作皆不已若深以魁選自負迨傳臚之夕夢有馬奪其首誌始懷疑既而傳臚馬果第一誌第二甚快快不服每欺鐸汝沒學問狀元何以居我上一日互争於廷

上知之乃曰試汝等一對對佳者卽爲眞狀元矣其對題曰風吹不響鈴兒草鐸應聲曰雨打無聲鼓子花　上大稱許誌想踰時竟不能對遂愧服金鐸幼時夢中有語之曰雨打無聲鼓子花不知謂何至是用之金天設也不然何以屈林誌耶　狀元錄縣西大平港舊名馬江江之東有十洋街古諺云十洋成市狀元來鐸應其兆

狀元陳循

永樂十三年乙未始詔天下舉人會試于北京取洪英等三百五十人　廷試擢陳循第一

按陳循字德遵江西泰和人甲午首鄉薦會試擬首考官梁潛以鄉曲避嫌置第二　廷試首擢昔水湧龍洲讖曰龍洲過縣前泰和出狀元適龍洲水溢循應兆　狀元錄循家作醮度孤有漁翁夜半聞云明夜陳狀元家放水燈我輩去看漁翁開蓬寂無人次早果有陳秀才來叫漁船放水燈漁翁言其事

狀元李騏

永樂十六年戊戌　廷對之士董璘等二百五十人

擢李騏第一

按李騏字德良福建長樂人初名馬鄉舉第一　廷

試御筆改馬爲騏越三日臚傳凡三唱無應之者

上曰即李馬也騏乃受　詔　賜紗帽銀帶朝服出

外傳以爲榮爲人嚴毅有氣節方病値　上升遐即

出臨哭病遂深卒年四十八終於脩文　狀元錄是

歲長樂大平港又應十洋成市狀元來之讖

狀元曾鶴齡

永樂十九年辛丑　廷對之士陳中等二百人擢曾鶴齡第一

按曾鶴齡字延年號松坡江西泰和人母夢星墜臥內乃生鶴齡既冠以書經擅名由儒士與兄椿齡同中鄉薦明年會試鶴齡留養於家兄舉進士爲翰林庶吉士以沒養母五年學者爭師之母命赴試得舉進士擢第一授脩撰年三十九是歲龍洲水溢又應狀元之讖　是科浙江嘉興包鼎包鼐兄弟同登

狀元邢寬

永樂二十二年甲辰　廷對之士葉恩等一百四十八人擢邢寬第一

按邢寬字用大直隸無爲人幼穎敏力學　廷試初擬孫曰恭第一　上謂曰恭乃一暴字也及見邢寬二字甚喜擢第一以丹書其名前此未有當時咸以爲寵遇寬家富且殷宦游十數年及歸而母尚無恙寬先世有仕者每爲囚求生道曰與其殺不辜寧失不經人多感之因得此報

狀元馬愉

宣德二年丁未　廷試趙旹等一百人擢馬愉第一

按馬愉字性和號璞菴山東臨朐人七歲方言下筆成誦後　廷試第一授脩撰二年父病歸　賜驛騎并藥餌費卒年五十三　客坐新聞臨朐渡口有士人夜乘涼聞渡口鬼揶揄曰明日午時我輩得替矣可托生也其人明午伺驗之至期見一舟載五六人解纜鼓棹忽一婦求渡舟子挽舟載之渡竟無他至夜仍於渡口納涼鬼復揶揄且哭曰却被馬丞相救

了一船人我輩苦也士人迹其婦乃馬融長子之妻
正懷娠後生一子曰愉官至入閣其爲世瑞鬼神烏
得害之哉
皇明通紀自洪武甲子一新科目迨今凡一十五科
以廷對魁天下士者恒出於東南而北方學者鮮
與焉獨以東齊之秀魁天下士北方學者與有光
仁宗與侍臣論科舉之弊仁宗曰北人學問遠不
逮南人楊士奇對曰自古國家兼用南北士長才大
器多出北方南人有文多浮試卷例緘其名請今後

於緘外書南北二字如一科取百人南取六十北取
四十則南北人才皆入用矣　上命計議以聞至
宣宗嗣位始奏行之後復分南北中卷以百名爲率
南北各退五名爲中卷北卷則北直隸山東河南山
西陝西中卷則四川廣西雲南貴州及鳳陽廬州二
府徐滁和三州餘皆南卷

人生五馬
貴山有九
龍游好
品何榮貴
須先占
狀頭

狀元林震

宣德五年庚戌　廷試陳詔等一百人擢林震第一

按林震字起龍福建長泰人性質頴悟幼有大志讀書九龍山見宋陳堯叟詩云人生五馬貴山有九龍游之句遂續云極品何榮貴須先占狀頭及長每開卷輒曰尼父韋編三絶豈可少間學問該博果狀元及第以疾歸卒

狀元曹鼐

宣德八年癸丑　廷試劉哲等九十九人擢曹鼐第

一　賜鼐等宴於禮部遂爲例

按曹鼐字萬鍾號恒山直隸寧晉人幼有遐志日誦

數千言事繼母備極孝養鄉試第二以乙榜授學正

上言年少寡學未堪爲師願改別職自效命授幕職

遂改泰和典史愛民如子劇邑政繁處之裕如公暇

則延師儒講明理性篤學如經生毋爲尹所誚曰可

作狀元曰不如是不已也壬子督部工匠赴闕乞入

會試中第二　廷試問羲禹河洛象數𠂢對稱旨擢第一以典史大魁天下前代所未有也後以少宰入閣死於土木官其子恩脩撰蔭入翰林者金忠之子達胡廣之子種與曹恩緫三人𠂢父子霑被可謂奇異

終

明狀元圖考目錄卷之二

英宗 裕陵

正統元年丙辰周　旋　浙江温州府永嘉人

正統四年己未施　槃　直隸蘇州府吳縣人

正統七年壬戌劉　儼　江西吉安府吉水人

正統十年乙丑商　輅　浙江嚴州府淳安人

正統十三年戊辰彭　時　江西吉安府安福人

景皇

景泰二年辛未柯　潛　福建興化府莆田人

景泰五年甲戌孫　賢　河南開封府杞縣人

英宗

天順元年丁丑黎　淳　湖廣岳州府華容人

天順四年庚辰王一夔　江西南昌府新建人

天順八年甲申彭　教　江西吉安府吉水人

憲宗　茂陵

成化二年丙戌羅　倫　江西吉安府永豐人

成化五年己丑張　昇　江西建昌府南城人

成化八年壬辰吳　寬　直隸蘇州府長洲人

成化十一年乙未謝　遷　浙江紹興府餘姚人

成化十四年戊戌曾　彦　江西吉安府泰和人

成化十七年辛丑王　華　浙江紹興府餘姚人

成化二十年甲辰李　旻　浙江杭州府錢塘人

成化二十三年丁未費　宏　江西廣信府鉛山人

孝宗　泰陵

弘治　三　年庚戌錢　福　直隸松江府華亭人

弘治　六　年癸丑毛　澄　直隸蘇州府崑山人

弘治　九　年丙辰朱希周　直隸蘇州府崑山人

弘治十二年己未倫文叙　廣東廣州府南海人
弘治十五年壬戌康　海　陝西西安府武功人
弘治十八年乙丑顧鼎臣　直隸蘇州府崑山人
武宗　康陵
正德三　年戊辰呂　柟　陝西西安府高陵人
正德六　年辛未楊　慎　四川成都府新都人
正德九　年甲戌唐　皐　直隸徽州府歙縣人
正德十二年丁丑舒　芬　江西南昌府進賢人
正德十六年辛巳楊維聰　直隸順天府固始人

王子生刻

狀元周旋

正統元年丙辰　廷試劉定之等一百人擢周旋第一

按周旋字中規號畏菴浙江永嘉人才思雄健何冢宰文淵時知温郡考所作即以狀元許之鄉試會試皆居優列及　廷試大學士楊士奇以所取一甲三卷將入殿讀之狀頭尚未決問同事者曰有識周旋否其人儀表何如有對曰面白而備遂以旋卷首進旋貌甚寢　陛見之日輿論悵然蓋所問者永嘉周

旋所對者淳安周瑄也官至春坊庶子同考會試以勤於事致疾卒

温州志宣德癸丑春温郡守何文淵進諸生講經於明倫堂有群蜂夾一巨蜂飛集楹間聲鬨如雷文淵顧謂庠士周旋曰群蜂有巨鋒爲之主猶士林中有巨儒爲之領袖此來科狀元之兆也果然

狀元施槃

正統四年己未　廷試楊㟙等一百人擢施槃第一

按施槃字宗銘直隸吳縣人自幼警敏甫成童不屑就家人產業奮然志於學從父淮楊就師久之嘆曰歸而求之有餘師尋補學生領鄉薦赴會試作詩留別云紅雲紫霧三千里黃卷青燈十二時咏胡蝶云莫怪風前多落魄三春應作探花郎　庚巳編戊午吳縣學泮宮池蓮一莖三花巡撫周公忱見之曰行有當之者明年槃以縣學生狀元及第

狀元劉儼

正統七年壬戌　廷試姚夔等一百五十人擢劉儼第一

按劉儼字宣化號時雨江西吉水人年十六七爲文根據義理考聖賢言行之實而力行之二十四領鄉薦赴春闈乙榜不就潛心林下二十六年慨然有魁天下之志自嘆曰吾道宜可行矣豈終不遇哉正統壬戌登春闈　廷對擢第一時年四十九授脩撰以古文名天下　汝南詩話劉文介儼狀元及第有邵

進者在甲尾劉嘗致柬於邵自稱年末或謂邵云劉
公笑子殿甲尾故云然邵怒曰狀元不是工夫上人
做我見劉必辱之劉笑解之以詩云狀元本是龍頭
選龍尾分明屬邵卿龍尾掉時天必雨龍頭未必敢
相輕邵聞之亦解顔

玉生

狀元商輅

正統十年乙丑　廷試商輅等一百五十人擢商輅第一

按商輅字弘載號素菴浙江淳安人宣德乙卯以書經發解及會試弗利乃入太學李長爲祭酒見而器之特設館東廂之後俾卒業及己丑會試　廷試俱第一時年三十二授脩撰

菽園雜記輅父嘗爲嚴州府吏輅生時府公於夜間遥見吏舍有光蹤跡之非火也翌日問群吏家夜來

有何事云商某生一子府公異之語其父云此子必貴宜善撫之後舉三元入内閣天順初罷歸有醫善太素脉診之云歆祿十年當再起成化初復起入閣

夢徵錄輅嘗與其師洪士直同宿學舍中輅夢有提人首三顆授之覺而語洪洪曰吉夢也後三元應之

狀元記事輅父仲宣方生輅有以馮文簡中三元記餽之事亦非偶矣

狀元彭時

正統十三年戊辰　廷試岳正等一百五十人擢彭時第一

按彭時字純道號可齋江西安福人自幼端重寡言年十九從叔父僉憲憲副二公學春秋屬文輒有驚人語二公以大名家期之由儒士領鄉薦入國學博學精思爲海内士人所推年三十三舉進士　廷試擢第一拜脩撰年七十卒　彭文憲筆記丁卯冬湖廣永濟縣官在途夢開黄榜第一名彭時監生其官

至京言于永齊監生張端木端木訪知予姓名駭甚予聞之荅曰夢中事何足信又一人謂岳正曰吾昨夜夢兄魁多士可賀正曰若夢可信則已有人夢彭時作魁何必我其人戲曰明年會試　廷試有兩魁各占其一可也後果然是時士夫中相傳童謡云衆人知不知今年狀元是彭時亦不知何自而起後果驗　狀元錄廷試前一月　上夢儒釋道三人來見至揭曉狀元彭時由儒士榜眼陳鑑幼寓神樂觀探花岳正幼爲慶壽寺書記幼年出處皆形夢兆豈偶

然哉 天順日記狀元彭時當上表謝 恩之夕坐至四鼓乃隱几不寐竟失 朝被劾 上惟命錦衣衛尋而已可見 聖明倉卒應變而保全愛惜儒臣之心至矣狀元退就鴻臚習儀大鴻臚疾言厲色詰其悮事之由狀元舉止從容唯唯謝過而已此可見其量也 是科年長而未室者五人長洲陳鑑一甲第二年三十四傳陵劉吉年二十二襄陵邢讓年二十二懷安謝琚年二十五平越黃紱年二十六俱未娶奉化舒廷謨以禮部辯事登科

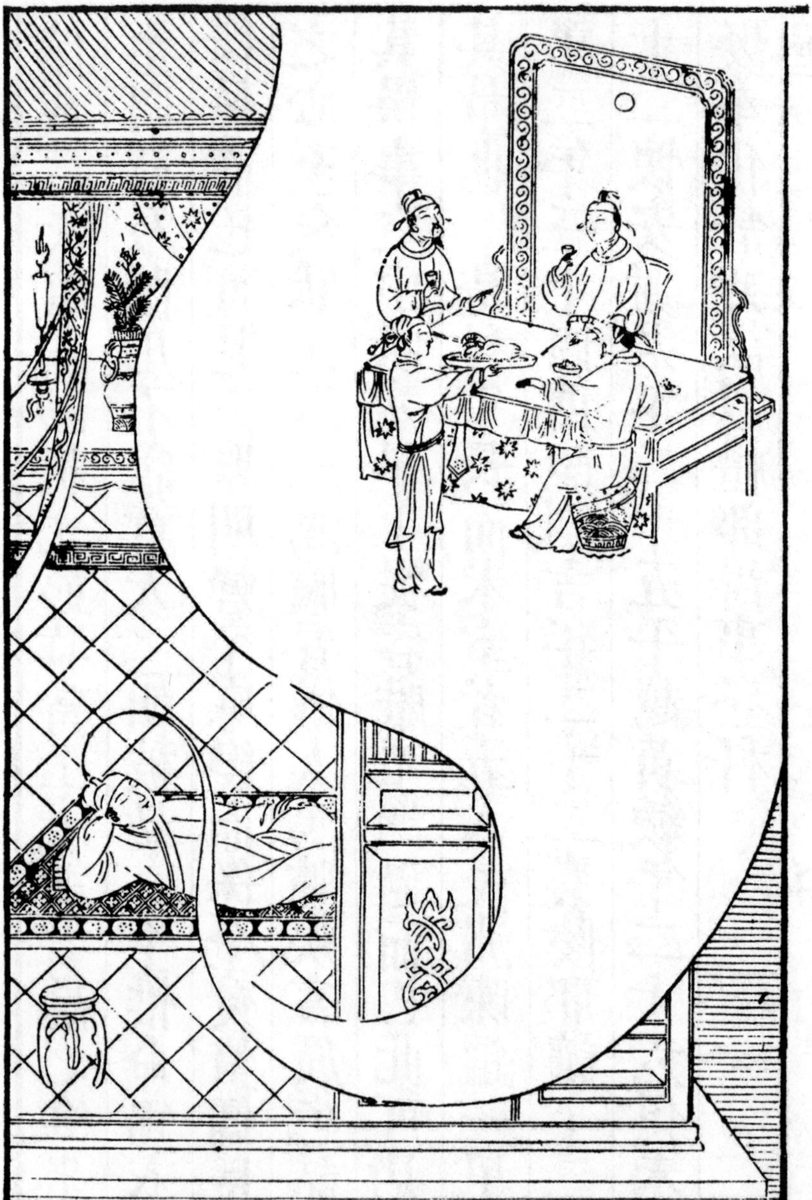

狀元柯潛

景泰二年辛未　廷試吴滙等二百人擢柯潛第一

按柯潛字孟時號竹巖福建莆田人生有奇質數歲能詩正統甲子年十五領鄉薦不忍離親不赴會試景泰辛未中甲榜　廷對賜狀元及第　狀元記事

莆田學中泮池於林環中狀元時開並頭蓮是歲又開潛應其兆　夢徵錄潛嘗禱夢九里廟與賓友讌會潛坐首席須臾宰夫以一傘頭獻於前果以辛未狀元符傘頭之兆

狀元

狀元孫賢

景泰五年甲戌　廷試彭華等三百四十九人擢孫賢第一

按孫賢字元卿河南杞縣人　菽園雜記賢赴會試途中投宿一民家主人敬禮甚隆飲食一呼一具賢疑其家有他會問之主人云昨夜夢狀元至吾家故治命以俟今日公至應此夢無疑矣賢竊自喜然是科下第而歸後一科果狀元及第　瑣綴錄孫賢面黑徐溥面白徐轄面黃時謂鐵狀元銀榜眼金探花

西湖志餘正統丁卯海寧張靖之之母夢老人書孫字於壖其年靖之領鄉薦兩試春官皆下第辛未靖禱於京城隍夢登大山老人謂曰此崑崙山也驚寤取禹貢織皮崑崙研省紬繹入場果出此題多爲所窘桐鄉楊青者席舍相近來懇靖之因爲開陳義意詳述註疏青遂登第名第七梓文一篇靖之竟下第後科甲戌靖始登第名亦第七梓文一篇其年狀元乃孫賢也母氏之夢至是始驗盖已八年矣惟織皮之夢雖驗而虛若爲楊青設者然靖之名第事實一

與青同鬼神之示人顯而隱如此
水東日記賢未登第之先夢金甲神人持黃旗插於
其門有狀元二字至廷試果首擢

狀元黎淳

天順元年丁丑 廷試夏積等二百九十四人擢黎淳第一

按黎淳字太樸號樸菴岳州華容人 狀元記事二月初淳方至京禮部主司嫌其遲至拒之曰少汝作狀元耶淳應聲曰此亦在吾輩也至邸見壁間題畫有昨夜簷前乾鵲噪聲聲報道狀元來此其讖也

義命錄淳性淳厚不事遊冶自言絕跡青樓會試入京同輩欲戲之使人先約妓曰若遇吾輩同行爾可

呼黎淳吾輩當至也一日相邀過之見一妓以手招呼曰黎淳黎淳諸友哄然排之曰子說不遊此妓何由知君姓名邪淳不與辨即口占曰十里紅樓五里程忽聞花底喚黎淳狀元本是天生定故遣嫦娥報姓名雖談笑中其自負如此　七脩類槀黎狀元淳初至京將會試時盤礴間聞酒樓上有婦人喚其名舉頭觀之則妓也乃知爲同輩所紿於是登樓吟詩曰千里遨遊赴　帝京忽聞樓上喚黎淳狀元自是天生定先遣嫦娥報我名及　廷對果登狀元時年

三十四此與義命錄所載事同略異亦附錄之
是科各省俱倍數取士進士未聘者四人年長未
娶者十人

王玉生刻

狀元王一夔

人順四年庚辰　廷試陳選等一百五十六人擢王一夔第一

按王一夔字大韶號約齋江西新建人初赴試謁鐵柱宫卜兆靈湫水忽湧起如一字亦第一名兆也

閒中今古初讀卷官定祁順卷第一旣而司禮監問所定卷閣老以姓名告太監曰此卷固出人一等但傳臚時此音與　御名相似奈何閣老愕然乃以王一夔卷易之而置祁二甲中　史隱錄一夔父王得

仁景泰間任汀州推官值鄧茂七之亂山谷嚮應
朝廷命將討之主帥欲濫殺脅從以爲功得仁力辨
其枉遇繫累于道者下車解其縛焚其簿籍所活千
人汀民德之爲立生祠今入祀典名曰忠愛至一夔
狀元及第官至尚書人謂陰德之報　尚書張瑄詩
云忠言極諫拯疲民戮力勤王不顧身百戰能緣王
事烈萬家因感使君仁春回瘴地棠陰滿雨過山城
草木新子占大魁孫血食皇天應不負斯人

十七

狀元彭教

天順七年二月會試場屋弗戒於火焚死者千餘人
上憐之　賜死者俱進士　詔移試於秋取吳鉞等
三百五十人至明年甲申三月親策唱名是日不御
殿止傳策問擢彭教第一
按彭敎字敷五號東瀧江西吉水人同郡有彭文憲
時人稱大小狀元敎自幼頴悟出群未能言時父兄
戲指齋堂題額語之明日試問之即能歷指以復四
五歲敎之書點畫不爽口占韻語輒成章鄉試第一

越四年會試中第二　廷試第一時二十七歲
菽園雜記本朝開科取士鄉試以子午卯酉年秋八
月會試以辰戌丑未年春二月盖定規也永樂癸未
成祖渡江天順癸未貢院火皆以其年八月會試明
年三月　殿試故永樂二年天順七年有甲申科

狀元羅倫

成化二年丙戌　廷試章懋等三百五十三人擢羅倫第一

按羅倫字彝正號一峰江西永豐人少勵志聖賢之學嘗曰舉業非能壞人人自壞之耳郡守張瑄嘉其學行而惜其貧乏之命有司周之謝弗受年三十六中禮闈試對策　大廷頃刻萬言不屬草中引程正公語人主一日之間接賢士大夫之時多親宦官宮妾之時少執政欲節其下句倫不可直聲震於時王家

罕一夔以敏政卷字精楷力贊于李文達前曰宜爲
第一李曰論文不論書取羅倫第一李年四十有八
狀元記事倫赴試時有一水手夢中與語之曰明日
附舟乃羅狀元明日果有秀士來附舟詢其姓則是
衆皆驚訝　狀元全考倫之僕途獲金環命歸本婦
石田雜纂倫赴春闈道蘇州爲文謁范文正公祠是
夕舟中夢文正遺之詩曰賜帶横腰重宫花壓帽斜
勸君少飲酒不久臥烟霞　狀元奇異編倫至省邸
梁墜一軸欵書報狀元果驗

狀元張昇

成化五年己丑　廷試費誾等二百四十七人擢張昇第一

按張昇字啓昭號栢崕江西南城人於傳臚前一夕夢登天兩手挈二人頭云皆同姓者及開榜一甲首張昇二甲首張燧三甲首張曉客坐新談昇父同赴京會試舟近小姑山下天色已暮因泊舟父夢山上數女郎執絳紗燈擁仙姑而下因問之曰仙姑何往曰張昇狀元舟在此往訪之覺而呼昇語其事是

科廷試果首選

狀元吳寬

成化八年壬辰　廷試吳寬等二百五十八人擢吳寬第一

按吳寬字原博號匏菴直隸長洲人生有異質年十一即爲學生二十九應貢赴禮部三十四而舉於鄉三十八而登進士在庠校時博覽群籍爲古文詞有老成風格武功伯徐有貞高邁少許可折節與交曰館閣器也以歲資貢入太學張汝弼見之曰天下亦有如此貢士乎屢舉不第絶意仕進董學御史陳選

以禮敦遣不得已入鄉試名在第二會試名第一及廷試又第一卒年七十　庚巳編成化辛卯蘇州府學池蓮一莖三花明春有甘露降於學之桃樹兩月吳文定爲狀元　近峰聞畧人言吳文定及第素無夢兆惟揭榜前三日異香滿室耳公嘗謂予言會試之前夢過國學適陰雲四合大雷電欲雨龍下攫其巾併其身而上遂驚寤焉

狀元謝遷

成化十一年乙未　廷試王鏊等三百人擢謝遷第一

按謝遷字于喬號木齋紹興餘姚人大父新搆宅成甫遷公生遂以名七歲能屬對大父曰蛙鳴水澤爲公乎爲私乎對曰馬出河圖將治也將亂也甚奇之一日客語曰白犬當門兩眼錚錚惟顧主郎應曰黄蜂出洞一心耿耿只隨王治禮經鄉試第一　廷試對策明白正大得告君之體臚傳陛引　上見儀貌

脩潔氣宇凝重甚喜公卿以下皆知其爲遠大之器
歸時年七十有九年八十三卒贈太師謚文正

狀元曾彥

成化十四年戊戌　廷試梁儲等三百五十人擢曾彥第一

按曾彥字士美江西泰和人質樸坦易頴悟過人經書子史窮探力索必有得而後已故屢躓場屋志不稍挫　夢徵錄彥爲諸生時夢被人懸其髪於明倫堂大梁上平生自負甚重每以大魁自期然見黜於有司者七舉矣既而歲貢南雍始中鄉試又連屈禮闈年逾知命始中大魁先後幾三十年矣　廷試時

執政欲矯時獘救文以質以彥所對簡約遂置首選在館中年雖長退巽如後學連考禮闈號得人陳蕃沴扣閽論事甚切

義命編彥每試輒夢袖中龍頭筆一枝手取之則筆入內弗得至成化戊戌夢取此筆出之文彩熀燿儼二龍在手果狀元及第

玉生

狀元王華

成化十七年辛丑　廷試趙寬等三百人擢王華第一

按王華字德輝號龍山浙江餘姚人華家素貧嘗訪親於杭同舟有五庠生講論華哂之庠生怪問華破其講非是衆初甚忽之及聞其言遂加敬延於家教授四方爭延講禮經偶書宋朝家法過漢唐八事于扇及　殿試命是題敷衍詳悉擢第一官至禮尚書致仕子守仁封新建伯封父如其爵年七十七卒

狀元奇異編先夢迎春郭外衆舁白牛鼓吹至華家解者曰狀元春元也金色白其神爲辛牛之屬丑先生其辛丑狀元乎後果然

狀元李旻

成化二十年甲辰　廷試儲巏等三百人擢李旻第一

按李旻字子陽號東崕浙江錢塘人爲諸生有才名當庚子大比不利於有司時科試已遏旻擁典學之輿而言曰解元尚未與取數若遺才之路不開場中安得有解元也主司許之果登解元後四年登狀元時年三十九　狀元記事會試後面色紫黑多謂晦滯遇一僧相曰烏龍罩紫殿薦必首此則相入神矣

二九

狀元費宏

成化二十三年丁未　廷試程楷等三百五十一人

擢費宏第一

按費宏字子充號健齋江西鉛山人少而秀異長負

文名年十六與季叔瑞同領鄉薦年二十　廷試第

一居官一月以例得封親如己官其伯父瑄亦以是

月封其親職兵員外父子一時並荷恩數人尤異之

客坐新聞甯遠劉良中丙子鄉試十赴春闈不利

凡試必徧訪舉人姓費名宏者久不得丁未聞有鉛

山費宏至其邸飲酒沾醉撫掌大笑曰今科狀元必
子吾三十年前夢神告曰汝登進士費宏作狀元累
科覓子不見今得之逮　廷試宏果首選良中三甲
良夢時宏猶未生鄉試時考官閱卷恍惚夢總角童
子謂此少年狀元也遂以其卷置高等及赴鹿鳴儼
如夢中之貌靳文僖貴序曰公甫冠登狀元四十五
入內閣在位多匡正卒以不合去自國初至今狀元
拜相者有矣有年如公者乎禮七十致仕或年邁猶
未謝去有去如公者乎有年與才德如公者乎

狀元錢福

弘治三年庚戌　廷試錢福等二百九十八人擢錢福第一

按錢福字與謙號鶴灘直隸華亭人少而穎異及長隆準秀目志意高遠丙午中鄉試入國學屢試首多士庚戌禮部試第一爲文不屬草　廷試策三千餘言辭理精確若宿搆然彌封官以無稾難之衆謂科場必欲其稾者防代作也今　殿陛間萬目所視何嫌之避閣老劉文穆健得之賛不容口請于　上賜

第一時年三十纫時病劇父夢人語曰爾子吴寛也
時吴文定尚家食後連舉省殿二元與文定相符
狀元記事祄赴試入京寓於民家其室中有神像神
夜托夢于其主求他徙曰有狀元在吾不能安逸也
狀元録宋時華亭學有狀元坊爲衛涇立也景泰間
葉守冕重建於豐樂橋下題其柱曰九重華選魁多
士千古清風啓後人時以爲攀援盆江非華亭産也
弘治己酉西門火坊爲延燎市人譁曰燒却假狀元
出眞狀元矣明年福果魁天下讖緯之言亦有不誣

是榜兄弟同登者莆田方良永良節秀水陶煦陶
照同父母吉水彭杰彭桓興國徐鉞徐鈺則同祖

狀元毛澄

弘治六年癸丑　廷試汪俊等二百九十八人擢毛澄第一

按毛澄字憲清號三江直隸崑山人少不利於有司年三十四舉殿元及第授脩撰年六十三卒于道崑山志宋淳熈中崑山有一道人誦讖云潮過夷亭出狀元知縣葉子强遂建問潮舘於駟馬橋下後潮復遠過夷亭癸丑丙辰二科毛朱皆狀元人謂舊讖之應云

狀元朱希周

弘治九年丙辰　廷試陳瀾等二百九十八人擢朱
希周第一
按希周字懋忠號玉峰直隸崑山人赴會試見月華
五色甚麗又某氏夢文天祥來周主其家盖天祥宋
丙辰狀元也有卜新狀元者曰太祖姓中求文武盖
公姓名也年二十四　廷試第一累官吏部尚書臨
終戒其子不得請恩于　朝願無以文爲謚犯父之
諱卒年八十四贈太子太保謚恭靖　庚巳編吳人

舊傳云穹窿石移狀元來歸弘治乙卯城西穹窿山

風雨中一大石自走下見者驚呼乃止明年公應其

兆計石移時公猶爲諸生云

是科進士有孟春季春夏時周時閣老李東陽口

占云孟春季春惟少仲夏時周時獨無商天然奇

句也

玉生

狀元倫文敘

弘治十二年己未　廷試倫文敘等三百人擢倫文

敘第一

按文敘字伯疇廣東南海人年三十三狀元及第正

德癸酉主應天鄉試仕至諭德尋卒　陸深文集長

子以諒解元登第以訓丁丑會元　殿試第二少子

以詵登進士一家之中父子兄弟並以魁元策名當

世如南海之倫氏前乎未之有也故天下稱之曰三

倫　狀元紀事廣州城南膠河有地名河南相傳云

河南人見面廣東狀元見是歲大旱海珠寺露南岸
人徃來對見文叙魁天下

狀元康海

弘治十五年壬戌　廷試魯鐸等二百九十七人擢康海第一

按康海字德涵號對山陝西武功人年二十八舉進士第一授脩撰尋以事罷家居嘗賈于維楊以混其迹　治世餘聞廷試策問任輔相以脩庶政之意首相劉公健主通書心純二字海對策起句云天下有不易之事人君有不易之心擢第一　義命編魯鐸湖廣景陵人康海陝西武功人弘治壬戌春初京師

有善占天文者禮部諸公詰之曰魁在何處占者曰
文星在楚魁當在湖廣越一月將揭曉復命占之占
者訝曰文星入楚淺入秦深魁當在陝西後鐸中會
元海中狀元人事之上應天象如此

狀元顧鼎臣

弘治十八年乙丑　廷試董玘等三百三人擢顧鼎臣第一

按顧鼎臣字九和初名仝號未齋崑山人舉進士第一時年三十三卒年六十八　父恂餘五十而生鼎臣既壯每夜焚香表祈父壽願以巳壽益親一夕夢黃鶴從天飛來近視之即所焚表也後一大院字末有硃批字數行末云自此以後爾田單火牛通行無滯盖乙丑之兆也父年八十及見其子登狀元父嘗

夢鼎臣爲狀元初欲以名其孫潛不果乃命其少子
果然又夢入鄭文康家移其桂歸植之已而鼎臣生
後謚文康與鄭名仝盖七十年餘夢始驗也　又宋
有衛狀元涇名臣也其祠在邑中初鼎臣入邑庠夜
夢一人紫袍象簡稱衛姓携狀元及第篆文圖書貺
之每過其祠虔誠謁拜一日鄉間儒生入城假宿于
祠中似聞神語云明日有狀元顧鼎臣來儒生謂庠
中無此人早起俟何人至忽見諸生顧仝入語以此
事顧曰吾正將易此名矣

狀元呂柟

正德三年戊辰　廷試邵銳等三百四十九人擢呂柟第一

按呂柟字仲木號涇野陝西高陵人未總角有志聖賢之學不為辭章之習夏居矮屋衣冠危坐雖炎日蘊隆一不出戶限嚴寒則履籍麥草誦讀六經夜以繼日鄉試舉第十會試不利入太學戊辰入對大廷承法天法祖之問以仁孝為對而要之於學擢第一賜冠服帶履復習若固有明日有竊政中官來賀却

之時年三十四卒年六十四是夕有大星殞華陰
狀元錄事親最孝會試聞喪痛哭草履步至家是時
夢有人報明科狀元　其祖彬卿塋時壙有聲如雷
卜云兆顯六世至是柟生竟以道鳴於世符卜兆云
年十四應試臨潼貧不能餱館宿新豐空舍夜夢老
人自驪山下謂曰爾勉學後當魁天下

卷二

四十

狀元楊慎

正德六年辛未　廷試鄒守益等三百四十九人擢

楊慎第一

按楊慎字用脩號升菴四川成都人首相廷和之子
幼善文年二十四狀元及第後以議禮不合伏　闕
號哭坐戍滇南父卒乞歸終制不許久居滇益綜群
籍著作愈精爲海内宗風流雅致人多稱之今梓傳
廷和之弟廷儀慎之弟惇惆皆登進士年七十余卒

狀元記事揚州一士夫偶遇樟柳神因叩明春狀

元何處人神云川新都種檉肅氏頭上名喬木無灰易真心用脩行慎既及第乃知爲蜀地姓名字也

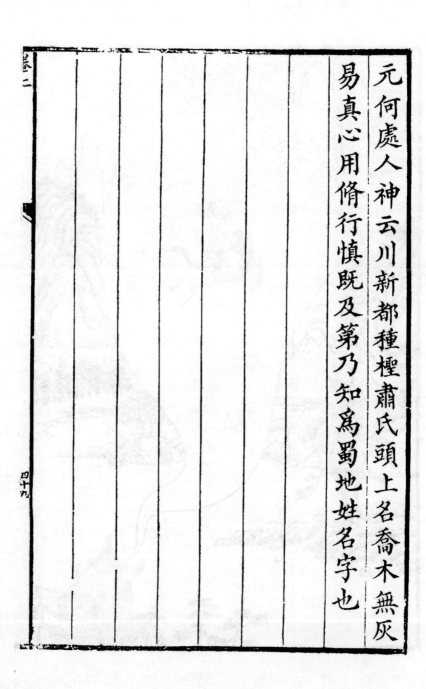

狀元唐臯

正德九年甲戌　廷試霍韜等三百九十六人擢唐臯第一

按唐臯字守之號心菴直隸歙縣人素以元魁自擬累蹶場屋人誚曰徽州好個唐臯哥一氣秋闈走十科　經魁解元荷包裡爭奈京城剪綹多臯聞之益勵至　四十六連捷二魁及第可謂有志者事竟成後脩武宗實錄成進侍講嘗使朝鮮尋卒於官　彭司馬澤知徽郡移學官而新之夜夢神語云明日相見秀

才乃狀元也至明日有隨衆進獻上梁文者彭覽之大喜稱狀元才乃阜也爲人善謀斷鄰郡有賊勢猖獗將入徽界郡守求謀士阜出設策預防卒不爲害狀元錄家甚貧襟懷脫灑爲文一揮而成一字不加[illegible]若中欲有所改動寧別作一篇語不相犯其才性如此又阜素有聲譽爲上官禮重郡守推桂長於青[illegible]之學相其家稱善地所未足者前宜濬水一道爲御階水必登高第因爲貿其隣之地鑿水如法未幾果狀元及第世墓在葛塘尤陰宅之佳者

夢徵錄 未第時每夢面前列瓜鍾一對及 廷試後有報其中探花者曰不止此也既而報爲榜眼亦曰不止此也及臚傳果第一有詰其故乃以夢告盖傳臚後黄盖瓜鍾送歸第者狀元也故皐自信如此

狀元舒芬

正德十二年丁丑　廷試倫以訓等三百四十九人擢舒芬第一

按舒芬字國裳號梓溪江西進賢人幼即岐嶷穎異甫成童入郡學嘗作赤鷹賦郡守奇其才謂當魁天下家貧清苦不與人群雖書無所不讀寔勵志聖賢之學端居終日夜必計過自訟丁丑　賜狀元及第時年三十四乙酉扶母喪歸卒年四十四

異命編閩人劉世揚會試入京夢神告之曰今年狀

元名國裳世揚郎以國裳易之劉是科登進士而狀元舒芬其字則國裳也事有定數惟鬼神能知之

芬未第時至九鯉湖祈夢五夜無夢因題詩云千里尋眞意亦虔五宵無夢竟無緣神仙不識人間事歸去揮毫作狀元到山下遇一老人問公何夢公告之故且述其詩老人爲改云千里尋眞未是虔五宵無夢豈無緣神仙不洩人間事歸去揮毫作狀元因忽不見盖仙化爲老人以告公也 狀元錄蕭御史鳴鳳精於星命丁丑 廷試或以八字雜質之曰孰爲

狀元蕭精芬八字曰此是也果然後復以後事質於
蕭荅曰功名壽數始終皆羅一峰舒瞿然曰止此乎
曰忠孝狀元足矣後果謫壽亦止此今配享一峰祠

狀元楊維聰

正德十五年庚辰會試取中張治等三百五十人會毅皇帝狩於南京未及　廷試至十六年辛巳　嘉靖登極始舉之時　廷對之士三百三十三人擢楊維聰第一實　嘉靖龍飛第一科勵政求賢之始云

按楊維聰字達甫號方城順天固安人年三十登鄉薦第一　狀元記事幼隨父和任長史在塾讀書每膳其維聰已至母張氏問其何故知之荅曰恒聞耳邊呼曰狀元可食飯及長在京夢崇文坊迎金字辛

已狀元牌來扣之何往曰送與固安楊秀才覺而自喜但疑是歲非試期既而己卯庚辰鄉會連捷因武帝南巡未暇 廷試至 今上登極舉之實辛巳歲也兄維傑亦治詩以嘉靖乙丑登進士第二人

終

明狀元圖考目録卷之三

世宗　永陵

嘉靖二年癸未姚淶　浙江寧波府慈谿人
嘉靖五年丙戌龔用卿　福建福州府懷安人
嘉靖八年己丑羅洪先　江西吉安府吉水人
嘉靖十一年壬辰林大欽　廣東潮州府海陽人
嘉靖十四年乙未韓應龍　浙江紹興府餘姚人
嘉靖十七年戊戌茅瓚　浙江杭州府錢塘人
嘉靖二十年辛丑沈坤　直隸淮安府太河人

嘉靖二十三年甲辰秦鳴雷　浙江台州府臨海人

嘉靖二十六年丁未李春芳　直隸楊州府興化人

嘉靖二十九年庚戌唐汝楫　浙江金華府蘭谿人

嘉靖三十二年癸丑陳　謹　福建福州府閩縣人

嘉靖三十五年丙辰諸大綬　浙江紹興府山陰人

嘉靖三十八年己未丁士美　直隸淮安府清河人

嘉靖四十一年壬戌徐時行　直隸蘇州府長洲人

嘉靖四十四年乙丑范應期　浙江湖州府烏程人

穆宗　昌陵

隆慶二年戊辰羅萬化　浙江紹興府會稽人

隆慶五年辛未張元汴　浙江紹興府山陰人

今上

萬曆二年甲戌孫繼皐　直隸常州府無錫人

萬曆五年丁丑沈懋學　直隸寧國府宣城人

萬曆八年庚辰張懋脩　湖廣荆州府江陵人

萬曆十一年癸未朱國祚　浙江嘉興府秀水人

萬曆十四年丙戌唐文獻　直隸松江府華亭人

萬曆十七年己丑焦竑　直隸應天府旗手人

萬曆二十年壬辰翁正春　福建福州府侯官人
萬曆二十三年乙未朱之蕃　直隸應天府錦衣人
萬曆二十六年戊戌趙秉忠　山東青州府益都人
萬曆二十九年辛丑張以誠　直隸松江府青浦人
萬曆三十二年甲辰楊守勤　浙江寧波府慈谿人
萬曆三十五年丁未黄士俊　廣東廣州府順德人
萬曆三十八年庚戌

狀元姚淶

嘉靖二年癸未　廷試李舜臣等三百一十人擢姚淶第一

按姚淶字惟東號明山浙江慈谿人工部侍郎鏌之子幼資魯一日苦讀有一女國色翩然曰苦讀何爲授以玉髓丸曰助君掇高科初赴會試出江遇盤舡相觸有聲淶問故家人答曰斷船搖來撞頭衆聞之謂語讖之佳相賀吳音以斷然姚淶狀頭果大魁年三十六及第脩撰丁酉主順天鄉試尋卒

狀元龔用卿

嘉靖五年丙戌　廷試趙時春等三百一人擢龔用
卿第一
按用卿字鳴治福建懷安人治禮記年二十六登第
福州舊傳郭璞遷城記云南臺沙合河口路通先出
狀元後出相公至是用卿首選　百夢集臨試時嘗
夢龍神寫狀字於頭上果中狀頭　是科華象繇之
龔用卿拔自會榜之末

狀元羅洪先

嘉靖八年己丑　廷試唐順之等三百二十三人擢羅洪先第一　上方勵精求賢益親文學之士大學士楊一清等以洪先輩十六卷進覽　上一一品題有批語于洪先曰學正有見言讜而意必忠擢之首者

按羅洪先字達夫號念菴江西吉水人年二十六父循官副使母有賢行宦居而荆布勉夫子以無父見一寺有棺七口命僧以俸金瘞於寺側及得一子郎號曰念菴言一念之善也后魁天下人以爲陰騭云

狀元林大欽

嘉靖十一年壬辰　廷試林春等三百一十六人擢林大欽第一

按林大欽字敬夫號東莆廣東潮州海陽人年二十二及第授脩撰以疾告歸未久卒　田汝成記是歲禮部尚書夏言知貢舉上言舉子經義論策各有程式邇來文體怪異舊格屢更請令今歲凡駢詞浮誕以壞文體者擯不得取　上從之會試既畢夏公召予語曰進士答策亦有成式可諭諸生毋立異也云云

曰唯因諸舉子領卷傳示如前諸舉子皆曰唯旣而
廷試内閣取定二卷都御史汪公鋐得一卷大詫曰
恠哉安有答策無冐語者大學士張孚敬取閲一過
曰是雖破格然文字明快可備　御覧遂附前二卷
封進　上覽之擢無策冐者第一啓之乃林大欽也
夏公大駭謂予何不傳諭前語予無以自解就大欽
詢之對曰某不聞此言聞之安敢違也予乃檢散卷
簿大欽是日不至次日乃領之因嘆榮進有數非人
所能阻也　狀元全考自幼聰穎作文奇宕不群翁

萬達一見異之請招爲壻岳誕日大欽書聯一對賀曰天增歲月人增壽春滿乾坤福滿堂語意宏敞翁曰狀元才也大欽祖父塋地有古讖云五鳳山頭未爲貴鵰鴿飛去狀元來其山未向對鵰鴿山甚凶人不敢塋又念鵰鴿安得飛去欽祖父依古讖塋之是夜雷雨大作其山果崩若飛去然其父乃生大欽中狀元

狀元韓應龍

嘉靖十四年乙未　廷試許穀等三百二十五人擢韓應龍第一

按韓應龍字汝化浙江餘姚人年三十八官脩撰未期年卒　狀元錄 應龍在庠爲邑令丘養浩所奇久不偶至同邑陳讓解元作推於紹興養浩數以應龍語之甲午應龍不錄于有司及府考陳讓操柄收應龍考之及折卷首卷即應龍遂爲相知果連登第

聖上　廷試策題皆出　宸衷不假臣下之手是歲

試題欲以法天法祖立意惟輔臣知之宗伯夏言行
殿廊徧觀諸進士策冐至應龍見其冐云人君所以
致天下之治者法天而已矣所以保天下之治者法
祖而已矣乃發一笑謂之曰可用心做進呈果第一
應龍舉鄉薦有司以禮賀有荔子圓眼偶遺於地者
數日發生成樹矣時皆異之　義命編應龍家甚貧
樂飲酒一日過親戚家大醉離家數里昏夜步歸將
臨危橋見前有二燈照之行且云送狀元將抵家忽
不見中第後官京師早起將赴　朝坐牙廳事忽逝

見泠
宋理宗書

狀元茅瓚

嘉靖十四年戊戌　廷試袁煒等三百二十人擢茅瓚第一

按茅瓚字邦獻號見滄浙江錢塘人少有氣節嘗讀書於資聖寺借山顛舊屋居之始至夜雷雨大作崕崩自謂此身莫知所向矣詰明起視之屋右崩崕數十丈獨所居儼然無恙巖端露出石刻見滄二大字云是宋理宗所書乃其前所取號也中時家中一廚碗俱有露如雷一聲碎者居半人皆曰必有奇禍俄

而狀元報至未知果何謂也　年三十及第授脩撰
甲辰同考會試以總裁闕一人奉　旨撰後序登第
纔六年縉紳榮之

狀元沈坤

嘉靖二十年辛丑　廷試林樹聲等二百九十八人擢沈坤第一

按沈坤字伯載號十洲直隸太河人系出崑山崑出自衛涇至坤狀元凡五出矣辛卯南畿鄉試與李春芳同榜後丁未春芳亦登狀元一榜二殿元罕有並者是年三十五　廷對郊廟之制詳雅擢第一

狀元奇異編宵夢僧以藥丸食之醒若胸中有物而一室異香撲鼻　狀元錄淮安一郡自古未有魁天

下者有之自坤始後十九年清河丁士美繼之一時兩元相接淮水擁秀茲其期乎後丁外艱于家服闋未赴京銓曹擬注司成以待之因事遂困囹圄之阨士論惜之先是童謠云新狀元入朝舊狀元入獄士美登科坤被論果在巳未之歲榮辱禍福事皆前定豈人所能趨避乎

是科兄弟同科者杭州陳洪範洪濛宜興萬士亨士和餘姚宋大勺大武陳陛陳堦皆同胞也豈不盛哉餘姚一縣二姓一時四進士豈不尤異乎

狀元秦鳴雷

嘉靖二十三年甲辰　廷試瞿景淳等三百七十人擢秦鳴雷第一

按鳴雷字子豫號華峰浙江臨海人年二十七登第父文叅政兄鳴夏右春坊　狀元録年十四時就傅一寺中適有召箕者箕忽自運作字云門外有甲辰狀元秦鳴雷可請至時鳴雷方自家步至館箕徑飛至寺門外摳其衣袖而入此後常夢騎馬上天門是科吳情先定狀頭因無字北音曰無　聖上曰無

十二

情豈宜居第一正猶豫時忽高懸殿牓結雷字故
聖意欲得雷姓爲首遍榜中覓之無有得鳴雷即擢
之乃以吳爲探花

狀元李春芳

嘉靖二十六年丁未　廷試胡正蒙等三百一人擢李春芳第一

按春芳字子實號石麓直隸興化人年三十八及第狀元錄爲人和易淳雅與人交有情　廷試後同志集飲於寓有白云某堂上遣官至延之入内與語而別人皆知來報臚傳之信客皆賀之坦然曰謂拙卷亦與進　呈之列耳神色不動人稱其雅度又甲午秋有士子赴鄉試題詩于讀書之屋而行尾句云明

歲看花三月麗滿城桃李先春芳蓋自寓耳明年春

榜李春芳作狀元此詩爲之讖也

六三

十四

狀元唐汝楫

嘉靖二十九年庚戌　廷試傅夏器等三百二十人

擢唐汝楫第一

按唐汝楫字思濟號小溪蘭谿人年三十七吏部尚書龍之季子也鄉試卷在魁選拆卷見爲唐太宰之子避嫌置之與某監生之卷同委于池而汝楫一卷獨懸于几端不墜監場御史取觀之愛其文乃抑置榜後入會試掌科鄭廷鵠取冠本房主考有難色鄭曰吾寧本房只中彼一卷豈有如此文字而不取乎

乃塡第十鄭請刻其策亦以嫌弗果及傳臚鄭大喜自謂知文且不負所許也汝楫聞之笑曰零碎文字不必刻只刻一篇大文字可也果酬其志又廷試之前諸同年寫家狀至汝楫執筆忽屋上有聲如摧裂之狀衆驚視卒無所見也即視手中筆裂而爲四汝楫自識爲異兆寶藏之至今存焉　戊申歲汝楫夢一梅樹生於庭前花娟靚繁盛字隱隱見於辦中曰明歲相逢雞水酌明年爲己酉汝楫已豫卜矣

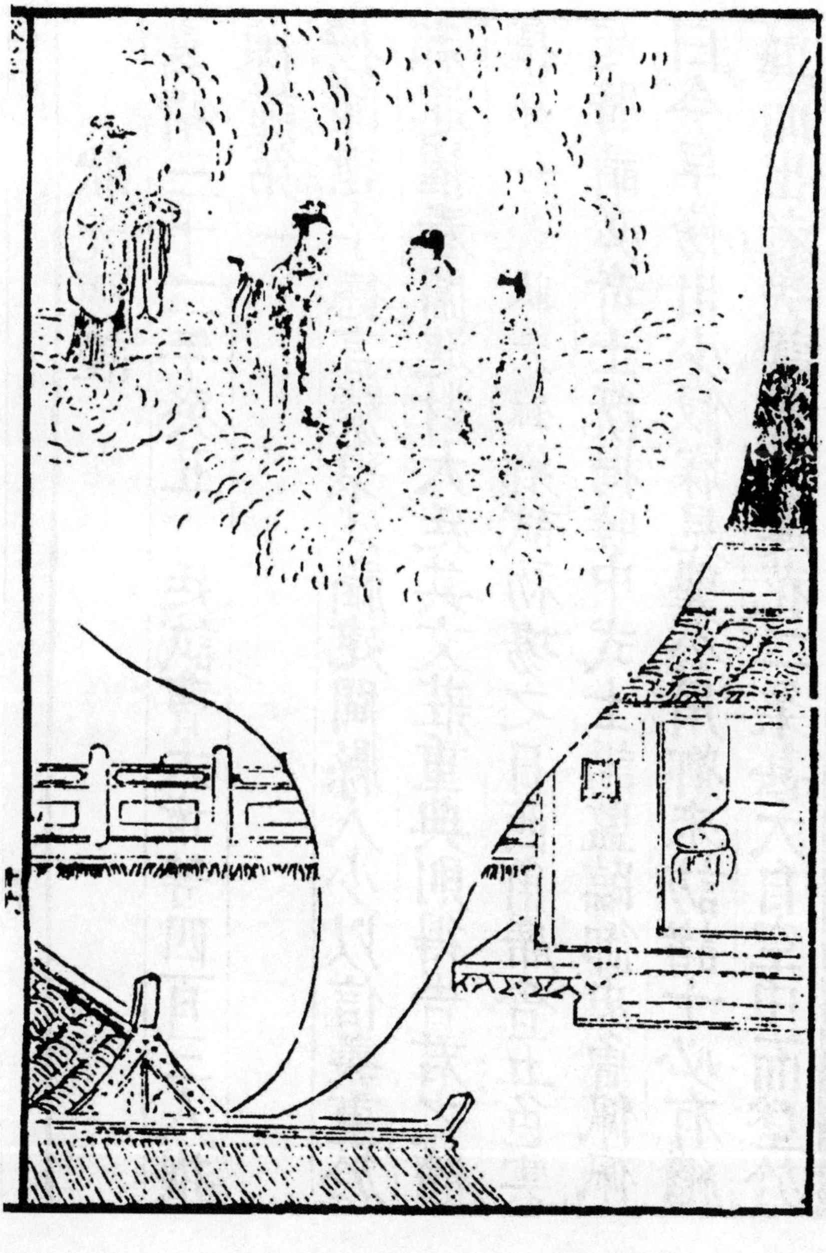

狀元陳謹

嘉靖三十二年癸丑　廷試曹大章等四百三人擢陳謹第一

按陳謹字德言號環江福建閩縣人少以信義重於鄉連擢春闈進對大廷其文莊重典則得告君之體擢第一　狀元錄 鄉試初場之日西角席舍五色雲起時謂必奇士既揭曉中式士謁監臨御史會佩佩曰今早榜出少假寐見龔公用卿來訪諸士必有繼龔而出者矣謹嘗夢蓮花二朵甚大自空中而墜於

庭有仙童女隨蓮花而下謂謰曰何不登蓮花之上如其言蓮花冉冉而升漸入雲端心甚恐俄有神人持金冠緋抱與之服豈非連科大魁之兆乎

狀元諸大綬

嘉靖三十五年丙辰　廷試金達等二百九十六人
擢諸大綬第一

按諸大綬字端甫號南明浙江山陰人年二十一登
浙省亞魁時義流播膾炙人口春試屢挫益加精研
丙辰登禮闈第二入對擢第一年三十四人無信之
者因其名傳已久謂必年且長矣

狀元錄初大綬兄大綱夢見大墳一區須臾墳裂一
硃紅棺露焉須史衣冠珮玉者自棺中出揖其兄使

入其兄難之忽大綏至與寇裘者抗以其背抵寇裘者之背使復入不解所以既而待聞天卿淵言此夢聞曰此地惟吾知之乃宋狀元山陰王佐所葬也君其狀元乎其背相抵前輩後輩之謂也果如所言

狀元丁士美

嘉靖三十八年己未 廷試蔡茂春等三百人擢丁

士美第一

按士美字邦彦號後溪浙江清河人年三十九及第

授脩撰爲人縝寀端重以道義自持在膠庠衿[illegible]

甚少年長者易之悉分其廩士美怡然無幾微[illegible]於

色及登第京師有貴人欲妻之以女不從名益[illegible]

是卷進呈其第一已有所擬 上覽之弗當意[illegible]

士美卷見其策起云帝王之致治也必君臣交儆云[illegible]

後可以底德業之成必人臣自靖而後可以盡代理
之責深愜 帝衷用珠筆圈君臣交儆人臣自靖八
字實于苗 末第藏夢已坐於堂空中有仙女一群
乘鶴翩然而下人皆作樂仙音縹緲繚繞於前後久
之後乘鶴而上須臾有黃旗二扇竪於門

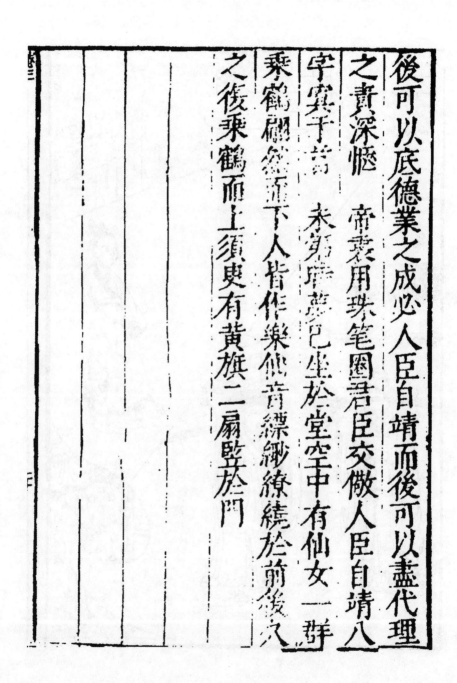

卷三
二十

狀元徐時行

嘉靖四十一年壬戌　廷試王錫爵等三百人擢徐時行第一

按時行字汝默號瑶泉直隸長洲人天資秀拔書過目不忘父士章庠生自幼課之有方年十六入庠年十八爲提學御史趙公鏜稱賞令錄三場文覽之曰利器也丁外艱至辛酉六月服闋府公王道行徐大節見其卷大驚異謂必前此未與考者非遺才也及拆名果然牒送督學吳公遴取爲諸郡績考之首完

試以所試文呈二府公皆曰魁選無疑京闈揭榜中第三是年二十七明年大魁天下　狀元錄將誕之夜父夢神人與桂花一枝醒猶聞香毋夢紅日照入帷間直射其體生而膚如玉雪四齡出痘醫指脇間一大痘挑之血流紫色曰此子必登高科與狀元朱公痘正相類至己未冬月夜半支硎山巖端有聲如雷居人詰朝視之有石僅丈自山脛移下十餘丈復轉而東所過小石裂一縫如虎丘試劍石之狀識者謂來科狀元兆也吳中舊讖云穹窿石移狀元來

宋時黄狀元由我　朝朱狀元希周皆有此兆壬戌時行應之此石倚於道左行人入天平路每依此石以坐云又相士李姓者嘗以狀元許之故其詩有李仙許我占鰲頭之句辛酉時行夢行通衢得明珠一顆心甚異之入室一室光明意此龍頷下寶也必將來取龍果至昂首向室内又意此珠不可輕授乃緘題云臣時行謹封跪而獻之龍得珠而遂翔焉是年四月書齋忽生芝草三莖童子不知手去之次日復發二莖色皆黄七月督學公約試於句容委高淳令

編卷令寓崇明寺時行亦寓此吏夜編號有四吏未寐忽見火光起其中一大魁星自外入吏驚呼令亦駭起明日入白於督學謂必大魁之兆時所編者吳庠卷與焉府中王徐高三公同夢龍起翔於天衢至明各會語相同大異之及冬吳士夢報捷者至人爭叩之彼且馳且答云狀元會元皆有除夕指揮劉世統夢新狀元徐時行也先余有丁嘗夢登杜正榜進士既第榜首非杜及時行入領　賜袍笏典之者内臣杜正是夢亦淵且巧矣公後復姓申晉首相

狀元范應期

嘉靖四十四年乙丑　廷試陳棟等四百人擢范應期第一

按范應期字伯禎號屏麓浙江烏程縣人年三十九舉進士第一授脩撰先是壬學歲薛公應旂督學浙省置之劣等遂發憤入國子嘗曰大丈夫當魁天下瑣瑣何足較邪已而果遂厥志　嘗夜宿杭之地名大兆夢觀會試錄有人曰狀元者艮山范崙乃機坊中人也既聞狀元爲應期細釋之殆范公之兆乎易

日艮止也止於山屛麓也范即范而嵩亦同科特隱
其爲范嵩云耳且湖地多絲而夢於杭之大萌所謂
機坊中人得非大魁湖州烏程之應乎天之機微而
著類如此 狀元全考應期將會試偕一舉人見禮
房吏吏惟迎曰昨夢狀元至吾家二公必居一矣范
果大魁

狀元羅萬化

隆慶二年戊辰　廷試田一儁等四百人擢羅萬化第一

按羅萬化字一甫號康洲浙江會稽縣人年三十三及第　羅公嘗止北新關有户部主事某夢第一名進士來訪明日羅偶謁主政主政未悟所夢相見亦如常禮羅公明年傳臚第一主政始悟曰去年夢應矣但有慢羅公爲愧後羅公亦不介意廷試後　上讀進呈十七卷皆不惬　宸衷有旨取散卷讀之得

羅卷遂擢第一次黃鳳翔次趙志皐三人皆經 聖
意自取不預進呈而獲欽取亦希世之遇也今羅黃
二公官至禮部尚書矣而趙公晉首相盛矣哉
是科李公春芳主會試取士官至相國者王公家
屛張公位陳公于陛沈公一貫暨趙公志皐朱公
賡凡六人官至八座者羅公萬化黃公鳳翔李公
長春田公一儁王公用汲李公戴田公樂凡七人
是科兄弟同科山東紀五常紀克一 山西李春光
李琪

狀元奇異編會試夢一老人入其舟揭去會試封條易以第一甲第一名數字後果驗

狀元張元忭

隆慶五年辛未　廷試鄧以讚等四百人擢張元忭第一

按張元忭字子藎號陽和浙江山陰縣人父天復行太僕寺卿所居與羅萬化同巷嘗夢携其扇於家會試時祖塋有聲三日往視得金芝六莖是科劉瑊夢人以羅衣遺之曰此第二服也已有人先服矣與讓張居首時年三十四　明狀元考戊辰年于開紹興羅狀元報因曰來科狀元必姓張當再出紹興[illegible]矣

予言謂不語讖術何以先知予解曰昔成化二年狀
元羅公倫至五年張公昇俱江西人氣運盛於一時
是以知之客笑曰成化八年吳公寬吳人然則隆慶
八年亦吳姓定是吳人邪此言未可信予又解曰俗
不知何公並看餘冬錄見熊入京知京數日有火已
而果然同輩問何以知之何曰嘗讀宋書紹興己酉
熊入京數日有火熊字能火乃爾同輩始服其讀書
一事且猶響應豈三年大魁獨不兆合前科乎客亦
唯唯而退終未服至辛未科聞報始服予言

二十七

狀元孫繼皐

萬曆二年甲戌　廷試孫鑛等三百五十一人擢孫繼皐第一

按繼皐字以德號栢潭直隸無錫人始生時父夢前甲戌狀元唐皐至其家遂名繼皐年二十六亦以甲戌魁天下其相符亦奇矣皐在庠時郡守福清施公觀民奇其文章氣宇常會考而皐屢居首隱然以大魁許之癸酉舉鄉薦公曰吾所望不止此也聯捷公又曰吾所望不止此也及　廷試施公先時盛服坐

堂待報俄而聞報至公不覺大笑吾素望於臯者今果酬矣今諸吏酌酒賀之是日公大醉

度其始必厚其終
循其名當責其實

狀元沈懋學

萬曆五年丁丑　廷試馮夢禎等三百五十人擢沈懋學第一

按懋學字君典號少林直隸宣城人慷慨有大志嘗題鳳凰臺云丈夫意氣何相若萬里風雲指顧中每曰元魁吾分也葬其父大叅公夢逸一聯云虔其始必厚其終循其名當責其寔及　廷對策冑中用此語是時　聖上勵精圖治閱此顧謂輔臣曰此二語即可作狀元遂首擢之時年四十四

狀元張懋修

萬曆八年庚辰　廷試蕭良有等三百四十七人擢

張懋修第一

按懋修號斗樞湖廣江陵人首相居正之子也兄嗣

修前科榜眼翁敬修同科進士父子兄弟及親[illegible]

列簪纓貴顯稱極盛矣後以罪謫云

三十

狀元朱國祚

萬曆十一年癸未　廷試李廷機等三百四十人擢朱國祚第一

按國祚字兆隆號養淳順天太醫籍浙江秀水人公父精岐伯之術爲太醫院使所活人甚多公自少目不視邪色足不履非禮之地嘗赴通州試試後友人載酒邀公飲于舟舟至張家灣同登岸友人拉入酒家有婦靚粧公知爲妓也急出門不停足徒步二十餘里至通州寓若將浼焉鄉舉時紫芝之產于庭嘗夢

有雙頭人騎馬而前公以爲怪乃急策已所乘馬而更前之是科後公一步者李公廷機也李公鄉會試皆元應雙頭人之夢夢更前之者應公登狀元也廷試後李公廷機夢削髮爲僧投一僧結爲師兄問其姓曰朱閩語無髮爲元李公心疑狀元有屬矣臚唱果朱公第一公是年二十五鄉會聯捷及第年四十陞禮部侍郎今吏部侍郎推相

狀元唐文獻

萬曆十四年丙戌　廷試袁宗道等三百五十人擢唐文獻第一

按文獻字元徵號抑所直隸華亭人父進士好施予自少有深沉之資十五歲入泮雅量篤學善屬文夢中順天試遂發奮入國學愈絜己好脩常夢月中金花燦爛頃之滿身又夢龍浴於室有徽友夢唐云余卷已入慈寧宮柰何首唱年三十八

狀元焦竑

萬曆十七年己丑　廷試陶望齡等三百五十人擢

焦竑第一

按焦竑字弱侯號澹園應天旗手衛人少負大志奇才毎試輒冠多士督學耿公倡明道學公從之聞道甚蚤常稱此生宿學懿行當魁海內未第時館閣諸公慕其名行皆重之赴會試寓燕市祖師廟道士夢神告云廟中有大狀頭相公是科果首唱是年五十一

狀元翁正春

萬曆二十年壬辰　廷試吳默等三百人擢翁正春第一

按正春字兆震號青陽福建懷安人生時火光滿堂熠至榻前經宿始斂已卯領鄉薦后以父命就漳郡龍溪教職督學耿公大奇之郡守李公望見紫雲起學宮意漳士是科有取鼎元者起送科舉日命粧蟾宮折桂極其華麗期以先登入見者卜之俄而先登者翁也父亦任延平教職元旦夢人贈彩帳其上書

以娣元吉四字郡守周解曰以娣乃易帝乙歸妹爻辭元吉爲狀元吉兆郎君首唱奚疑是科內閣取進御第一洪啓濬也未唱第洪夢清源山神與五虎山神戰不勝　聖上竟以翁易洪而置洪二甲第一夢之驗如此是狀元之得固山川之力也豈清源氣運未至狀頭將有待而然耶

萬方宝磨開八達
一點金彝香九天

狀元朱之蕃

萬曆二十三年乙未　廷試湯賓尹等三百人擢朱之蕃第一

按之蕃字元介號蘭嵎直隸錦衣衛人父夢東方朔從一大桃而生屢試必先選貢游兩雍屢擬元嘗夢神贈聯光騰劍鍔三千丈風從鶯聲十二樓扶鸞詩蛟龍吞海日鵷鳳出岐山萬里長安道三千衛獨先未第時讀書於寧國寺忽見齋中紅光壁有題云萬方寶曆開八運一躍金鱗奮九天其事甚奇甲午領

應天乙未會試主人夢朱養淳至其家明日朱公入宿與夢姓符及　廷試第一則乙未狀元又與癸未狀元符矣始悟八運者萬曆第八科也一躍金鱗者龍頭之兆也乙未屬金之年也時年三十五

是科榜眼孫慎行探花湯賓尹俱自南都聯捷即甲午年九我李公典試所舉士也亦盛矣哉

狀元趙秉忠

萬曆二十六年戊戌　廷試顧起元等三百人擢趙秉忠第一

按秉忠字季卿號岐陽山東益都縣人少負奇才以公輔自期髫齡時青郡太守唐維城公試而奇之曰此東齊白眉也上春官譽卜福建解元作狀元乃辛酉閩解元實與公同名姓焉忽一日于旅邸見雙靴自躍上床既而果甲天下趙君仙才儁抱翹楚東魯一發而魁鄉書與禮闈策　大廷冠多士盍自韓城

武馬臨朐而後青土之鼎元凡三出矣
是年及第俱由諸生連捷亦一奇也

狀元張以誠

萬曆二十九年辛丑　廷試許獬等三百人擢張以誠第一

按以誠字君一號瀛海直隸青浦縣人自幼英敏日誦數千言爲諸生時學院柯公閱其試卷云天下奇才大廷獨對舍子其誰選貢南雍鄉薦魁京闈嘗讀書雲間精舍夢身騎金牛有空中人呼曰長安春獨早走馬看花歸盦金牛乃兆辛丑狀頭也至京會試夢一角獸觸巳巳跨而上是科許獬會元巳爲狀元

狀元楊守勤

萬曆三十二年甲辰　廷試楊守勤等三百人擢楊
守勤第一

按守勤字克之號昆阜浙江慈谿人爲人曠達多大
志每見題咏云鄰架抽緗嫌日短吳鈎拂拭引柸長
五陵俠氣輕裘馬三峽詞源倒玉霜嘗訪友于官嘆
曰富貴吾所自有何以人爲其自負如此每試首選
丁酉春夢元峰袁公招飲經會元及第牌坊頂上過
抵袁宅遜之上座袁前丁酉鄉薦第二公後丁酉第

三將謂不驗今擬歷元觀袁公探花果高出其右矣

甲辰場前一日自蒙舉聯元同袍置酒爲賀諸卒而

罷及入場所遇試日就寢不醒夢有人推曰君可脫

蒙矣慰足下蹤著一卷春秋盒二名會忠以盡符其

夢

狀元黄士俊

萬曆三十五年丁未　廷試施鳳來等三百人擢黄士俊第一

按士俊字　號象南廣東順德人少負偉志抱奇才尤敦孝悌蚤歲入泮督學許尚志公羡其文且貴其品屢試冠多士每以大魁期之年二十七領鄉薦赴京會試途中聞兄病篤嘆曰惡得急功名而緩吾兄哉遂速歸丙午冬北上將至　京夢入　殿庭拜

高皇帝　帝曰汝來耶今首用汝矣及　廷試條對

稱　旹卷字精楷擢第一其夢果驗許公誠知人云

時年三十一

終

明三及第會元詩文目錄卷之四

五言律詩

榜眼程敏政　班婕妤

中州暮宿

狀元吳寬　美人垂釣圖

美人納凉圖

狀元朱希周　昭君怨

狀元楊愼　泛湖

蘇子遊赤壁　元日新添館中喜晴

榜眼陸釴　度荆門望楚

狀元羅洪先　南樓奇觀

會元唐順之　穀日雪
榜眼羅　理　久旱喜雨
探花袁　煒　遊上清宮
榜眼王錫爵　春元偶興
春日南浦遊宴
狀元范應期　李花
會元田一雋　瀛洲亭新池得雨
探花鄧以讚　贈徐山人伯仲
會元馮夢禎　北亭宴集

狀元唐文獻　西苑觀菊

會元袁宗道　玉壺氷

狀元焦竑　元夜月

探花顧起元　感事

狀元楊守勤　夏夜

七言律詩

狀元任亨泰　登北極紫霞樓

贈宮人入道

探花盧原質　春日早朝遇雪

春日遊東苑　越山清曉
狀元許　觀　咏湘竹簫
狀元曾　棨　殿試罷作
喜蕭時中狀元及第　車駕渡江
觀内廐馬
探花周孟簡　瓊島春雲
狀元蕭時中　咏流泉
狀元李　騏　早朝
狀元曹　鼐　中秋

狀元施　槃　　梧桐月

狀元商　輅　　長安道

探花岳　正　　瓊島春雲

車駕渡江

狀元黎　淳　　賦得秋江漁唱

榜眼程敏政　　從軍行

狀元謝　遷　　走馬燈

鞦韆

探花王　鏊　　過施槃墓

狀元費　宏　　及第紀恩二首

贈彭文憲時致仕

狀元錢　福　　早朝

狀元顧鼎臣　　觀潮

狀元楊　慎　　立春日禁中對雪

從軍行六言八句

狀元羅洪先　　登天竺峰

賀及第

會元唐順之　　元夕珠燈

贈宮人入道

探花袁㶁　冬日過朝天宮

狀元唐汝楫　侍恩榮宴

狀元申時行　蘭葵鵪鴿

題鷹

榜眼王錫爵　杏花雙燕

蘆河群鴈

狀元范應期　贈奉使冊封親藩

狀元羅萬化　內苑聞鶯

探花趙志皋	賀國朝惟善爲寶
探花鄧以讚	九日雨中泛舟
狀元沈懋學	春盡登山
鏡中燈	
探花曾朝節	賀皇子百日
會元馮夢禎	賀大婚禮成
狀元朱國祚	閑聯
榜眼李廷機	秋聲
會元袁宗道	暮春即事

狀元焦竑　玉河氷泮

黄金臺懷古　秋雨有懷

萬壽節朝賀

探花陶望齡　雨中春樹

頌曆　萬壽節朝賀

狀元朱之蕃　沇讀卷得蕃舉首賦贈

原韻賦和　咏彈琴

咏月鈎　咏瀑布

探花顧起元　荅楚源丈損惠見懷之作

五言絶句

狀元沈懋學　羨農家

狀元唐文獻　題畫二首

榜眼陶望齡　早朝

七言絶句

狀元曾棨　旅況

狀元曹鼐　扇面荷花圖

探花倪謙　春興

白鹿仙人圖

狀元彭時　咏青塚

狀元柯　潛　　山水

狀元黎　淳　　爆竹

會元章　懋　　微宗畫械中桂花圖

榜眼程敏政　　南陽三顧圖

幽居

狀元吴　寬　　畫中四景圖　四首

探花王　鏊　　十六夜湖上玩月

綠楊雙燕圖

狀元謝　遷　　芙蓉

會元程　楷　　春晚
思歸　　　　　詠鴈
探花靳　貴　　詠菊二首
狀元錢　福　　墨梅花
墨桃花
狀元朱希周　　張良歸山圖
劉阮天台圖
狀元康　海　　諸將入朝
狀元楊　愼　　猨出凱歌

滇海曲

探花徐　階　　楊梅

會元唐順之　　佗將軍南征歌

探花袁　煒　　塞上曲

狀元申時行　　御池瑞蓮二首

牧牛二首

榜眼王錫爵　　牧牛二首

狀元朱國祚　　東朝侍直二首

榜眼李廷機　　江行咏浣紗女二首

狀元焦竑　上苑桃花

附及第謝恩表

狀元吴寬

狀元舒芬

狀元諸大綬

狀元丁士美

明三及第會元詩文

新都後學　吳立性無相父彙編
吳承恩君錫父校益

五言律詩

陪駕至大液池　胡廣

玉砌臨佳地，飛甍上倚天。微風斜舞燕，高柳隱鳴蟬。岸草茸茸細，池荷箇箇圓。孰知丹禁裏，別有好林泉。

過劉伶墓　曾棨

舊宅無人住，荒墳有路岐。一生渾是醉，萬古復何悲。

白首啣盃日青山荷鍤時最憐獨醒者高塚亦纍纍

冬至齋居對雪　周孟簡

候氣窺玄籥清齋席白茅彤雲連北闕春雪近南郊
窓迥簷花積風迴死樹交天心如可見暗點易中交

秋夜月　蕭時中

皓魄東山吐烟霾四野無故人千里共銀漢一輪孤
寒影驚烏鵲清光湛玉壺長安今夜永砧杵滿城闊

早朝　商輅

五夜漏聲繁春風啟帝閽輪蹄馳大道冠冕拜[illegible]

禁柳迎旌旆宮花隱掖垣從容侍朝罷雨露濡乾坤

賀瑞兎

俛俛來何處貞精禀少陽月中含素魄草際帶淸霜
爲感從龍會應開繞電祥侍臣紛拜舞祝聖意何長

馬

會逐羽林郎翩翩帶紫韁玉關辭漢月沙塞踏胡霜
金甲雄軍勢銀鞍耀日光明君休武事歸放華山陽

元夜月　柯潛

賞心今夕始明月倚欄看有兎舂玄杵無雲掩玉盤

清光臨鳳闕素影入鰲山一曲昇平調吴姬舞袖寒

班婕妤　　程敏政

一自辭同輦深宫草又生幸隨紈扇棄猶記玉階行
明月愁中影流鶯夢裡聲笙歌前度夜教妾若爲情

申州暮宿

薄暮宿申州砧聲起暮秋白雲親舍遠明月客窗幽
世事關心事新愁續舊愁歸家頻有夢飛過錦江頭

美人垂釣圖　　吴寬

攜伴栁陰過投竿傍淺沙沉容魚避影流盻水增波

玉餌含香細金鈎引緒多宛憐湛水上衞女怨如何

美人納涼圖

坐倚小庭空殘粧落照中荷舒氷簟夜竹引綉簾風
玉露凉侵袂銀蟾影掛弓明河望不遠魚信杳難通

昭君怨　宋希周

掩淚向邊州君恩此日休身隨胡地遠心在漢宮愁
鴈塞書難到龍堆草易秋玉容何足貴翻向羽林羞

泛湖　楊慎

此日秋風起移舟向溥烟容心隨地遠人語隔花傳

古寺踈林外孤亭落照前十年塵土夢回首一茫然

蘇子遊赤壁圖

垂老黄州客高秋赤壁船三分留古跡兩賦到今傳
落日寒江動青天一岸懸畫圖誰省識千載尚風烟

元日新添館中喜晴

白日臨元歲玄雲放曉晴城窺氷壑迴樓射雪峰明
客鯉何時到賓鴻昨夜驚離心似芳草處處逐春生

度荆門望楚　陸試

亂峰前路迥旅况正紛紛落日荆門望青山楚岫分

孤城連郢樹獨棹入蠻雲誰念天涯客西風感鴈群

南樓奇觀　　羅洪先

樓居仙致迥隱約白雲中當戶山光入鉤簾海色通
江晴螺女渡臺古越王宮風景今非昔憑高思不窮

穀日雪　　唐順之

雪霰飄何甚因風裊更斜臘遲偏爲穀春閏未凝花
曙色開銀甓寒光入絳紗床頭社酒熟扶醉到鄰家

久旱喜雨　　羅理

烈旱猶非久甘霖賸足誇密雲藏玉兎飛電掣金蛇

豆熟豐隆莢秫分潤透花農人忘帝力但説好年華

遊上清宮　　袁煒

徐步仙宮裡松筠拂檻齊潛龍眠古洞瑞鶴立高枝
藥灶香風起丹臺紫霧迷道人無俗慮樽酒對枰棋

春園偶興　　王錫爵

徐步春園日風輕雲淡時嫩苔生翡翠新水映玻瓈
柳色頻經眼花香暗襲衣碧桃紅杏上黄鳥白鷗啼

春日南浦遊宴

逸騎遊南浦方舟之綠波日華雲際薄春色水邊多

蘭渚容樽俎花林映綺羅夜除期又逼奈此宿酲何

李花　　范應期

麗日風和暖漫山李正開盈林銀綴簇滿樹雪成堆
清馥勝秋菊芳姿比臘梅枝藜遊俠子攀折晚歸來

瀛洲亭新池得雨　　田一儁

亭據蓬瀛勝池開島嶼幽誰將銀漢水來注玉壺秋
日映龍文麗風微雁影留好憑朱鬣使分灑遍皇州

贈徐山人伯仲　　鄧以讚

知章湖作鑑諸葛草爲廬傲世惟高枕從心有素書

總因悟塞馬不是憶蓴鱸二客能同調時招花外車

壯亭宴集　馮夢禎

綵袖銀箏淨紅庭玉盞開地疑蓬島勝人比竹林才醉舞從花笑清歌引月來未須驚夜久共待曙雞回

西苑觀菊　唐文獻

西苑宸遊地東籬菊已花當年誇野色此日麗天葩輕白凌寒露深紅散晚霞秋英疑可茹無復楚人嗟

玉壺冰　袁宗道

玉宇冰壺淨寒光拂素襟一瓢堪自冷點[illegible]

粹白占臣節虛明識聖心何當春日暖化作帝家霖

元夜月　焦竑

紫殿開南極宮雲冉冉飛色因鰲石麗影逐鳳池歸
未覺爲霖遠翻憐捧日微輕陰何足恨天闕自清輝

感事　顧起元

玉策宣房隱金堤鉅埜連但陳漕輓粟莫校水衡錢
荷鍤千夫起乘槎四載懸玄圭如可錫持此頌走天

夏夜　楊守勤

松陰連小榻枝影倒徘徊徑轉螢光照簾疏月色來

圍棊朋友興酣酒弟兄杯對景渾忘夜寧知箭漏催

七言律詩

登壯極紫霞樓　任亨泰

危構憑虛逼泰清紫雲如綺散前楹萬年佳氣通函谷五夜神光動赤城鶴駕凌風霓旆遠鳳笙吹月羽衣輕崆峒對面三千丈我欲因之問廣成

贈宮人入道

温泉宮裏洗鉛華共訝君恩許出家阿監別時留佩決道流迎處指烟霞乍拋月殿吹簫譜學煉星壇宿

火砂幾度春風緱嶺上步虛聲繞碧桃花

春日早朝遇雪　盧原質

今年春早覺春寒紫禁朝囬雪未乾大液月明銀兎濕蓬萊天近玉龍蟠吴鹽色映差堪擬郢曲才高欲和難最喜風光先報柳漸〻情翠拂欄杆

春日遊東苑

長樂鍾鳴玉殿開千官次第出蓬萊已看旭日催龍馭更借春流泛羽杯堤柳欲眠鶯喚起宮花乍落鳥銜來　宸遊好把簫韶奏京國于今有鳳臺

越山清曉

曙光曉散越王臺萬壑千巖錦綉開欹枕僧鍾雲外落捲簾漁唱鏡中來樹藏茅屋雞聲斷露濕松梢鶴夢回安得畫圖分省地移家仍住小蓬萊

味湘竹簫　　許觀

淚灑琅玕迹向存在筩猶是舊龍孫腔排蕭史神仙譜愁絕娥皇姊妹魂六孔恍疑嬌歷潤幾斑還帶粉香溫莫教月白風清夜吹向湘江水竹村

廷試罷作　　曾棨

曉開三殿肅絲綸袞冕臨軒策小臣紅燭影催金闕曙紫霞香泛玉壺春雲霄九萬扶摇近禮樂三千制作新淺薄未能宣聖德願歌棫樸揄　皇仁

喜蕭時中狀元及第

鄉袞曾掄宋殿魁廬陵文運喜初廻九重天上承恩渥八十人中識俊才蠹簡幾年窺夜雪龍門一日動春雷行人若向青雲望定有紅光燭上台

車駕渡江

朱旗畫戟擁隄沙錦纜牙檣照浪花佳氣廻浮江北

樹曉光初絢海東霞雲中鸞鳳扶雕輦水底魚龍識翠華不用臨流羨天塹只今四海盡爲家

觀內廄馬

繡勒雕鞍七寶裝天閑十二見飛黄行驂鸞輅隨仙仗嘶過龍樓織御香玉轡按時經細柳錦條控處獵長楊虎文鳳臆眞無匹浪說周家八駿良

瓊島春雲　周孟簡

蓬萊山色映蒼蒼雲氣逶連玉殿傍縹緲不隨仙仗散氤氳長染御衣香每看捧日臨雙闕更待爲霖遍

八荒幾度碧桃花正發晴光還映紫霞觴

咏流泉　　蕭時中

石泉飛下碧嵯峨濺玉跳珠濕薜蘿影落半空懸素練光垂一帶瀉銀河朝宗遠接滄溟水分注時添大液波最是上林花落處隨流偏向御溝多

早朝　　李騏

紫禁追趨夜色闌景陽鐘動漏聲殘天門掩映鶯花樹黃道澄清淑氣寒星斗遥臨花外落旌旗只在仗前看侍臣欲進陽春曲　聖主恩深和轉難

中秋　　曹鸮

風捲浮雲散九區海天澄徹月輪孤三秋爽氣凌空碧一點寒光照太虛狂客醉酣歌白苧素娥起舞擊蒼梧何須更覓神仙術我已藏身白玉壺

梧桐月　　施槃

雲捲清秋昼角悲梧桐滿地月明時斜穿翠葉通金井直透蒼波漾玉池青女莫驚烏鵲夢素娥偏惜鳳凰枝故人千里關情處獨立空階影漸移

長安道　　商輅

層城迢遞入雲縣處處春風面面花長樂鍾聲催漏箭新豐樹色擁行車歌姬舞榭留明月貴主粧樓結綺霞日暮香塵連九陌鑾輿傳幸五侯家

瓊島春雲　　岳　正

蓬島瓊臺近紫微春雲重疊映空飛凌風縹緲隨仙仗傍日氤氲捧禁闈時靄龍紋浮瑞氣還成鳳綵煥晴輝殘迥天上為霖去仍向巖前伴鶴歸

車駕渡江

桺色臨江輦路長歲稔遙望翠華張衣冠隔岸催鵷

序舸艦中流列鴈行魚躍滄波瞻　御座鳥啼春樹

識天香時廵百度稽虞典不奏橫汾漢樂章

賦得秋江漁唱　　黎淳

欸乃長歌起碧湍水鄉秋思浩漫漫響窮絕島嵐光
隕聲入蒹葭鴈影寒鼓枻迥從雲外度鳴榔空向日
中殘湖山處處多佳致吟罷西風倚畫闌

從軍行

羽檄交馳瀚海秋酒闌長揖看吴鈎肯令虜騎驚飛
將未羨曹家數虎侯勝筭獨誇臨水陣壯心先擬濟

河舟男兒眼底空朝翔却笑新亭泣楚囚

走馬燈　謝遷

颷輪擁衛出炎精飛繞人間不夜城風鬣追星來有影霜蹄逐電去無聲秦軍夜潰咸陽火吳炬宵馳赤壁兵却憶雕鞍年少日章臺踏碎月華明

鞦韆

日轉華堂樹影偏謝家庭院簇神仙綵繩斜引纖纖笋畫板輕乘步步蓮美玉未升雲漢上綠珠先墜綺樓前不知小徑殘紅裏明日何人拾翠鈿

過施檗墓　　王鏊

後生何敢望餘芬斗酒還過董相墳行指岡巒低偃月（坙偃剛）坐疑文彩上成雲兩山巳雪將軍耻（以前皆將軍居之）四海猶傳制策文賈誼天年人莫恨孔光張禹亦徒云

及第紀恩二首　　費宏

鵷班濟濟聽臚傳驚喜龍頭屬少年明主拔才真千五寒儒對策慚三千百年拜舞天心悅六字親題御墨鮮觀榜共隨仙樂出文星燦爛曉雲邊

其二

恩詔南宮宴茂才主筵仍遣上公來玉雲散彩浮瑶席湛露分香溢玉盃天近帝居瞻北極樂[illegible]聽春雷宮花斜壓誇冠重卿是瓊林醉後回

贈彭文憲時致仕

三元一榜裡魁多士四十年餘列上公歐氏文章從古少韓家名位幾人同根優暫卸江湖遠虛宁還占寵渥隆黃閣重來頭上黑未應心事付冥鴻

早朝　錢福

鍾鼓餘聲徹曉分赤墀香霧散爐薰天回 御座昭黄道仗簇春旗炫彩雲閶闔迥從三殿啟簫韶渾向九霄聞萬方拜舞承恩渥齊賀 君王軼舜文

觀潮 顧鼎臣

海若鞭潮出海門雲奔雪捲帶靈氛六鰲駕撼三山動萬馬聲傳百谷聞應識更期人似玉往觀誰使女如雲傳巖舟楫真時用康濟功成日未曛

立春日禁中對雪 楊慎

天街晴雪照簾櫳萬戶千門似郢中先向曉鶯添絢

氣卻隨春仗轉條風上林花信梅邊出太液波聲柳

外通郢客高歌誰屬和巴人下曲本難工

從軍行六言

嫖姚十八從伍貔貅百萬超群千里獨行無敵一身

是膽曾聞六出虛稱奇計五餌盡是虛文此際毛錐

何用畢竟刀鐶勒勛

登天竺峰　羅洪先

丹崖中斷架樓臺半點紅塵不到來僧在白雲天際

宿路從翠竹徑邊開水清池面魚堪數月挂松梢鶴

始囬好景留人迷去住上方鍾鼓又相催

賀及第

天機錦綉富胸襟文字三場抵萬金此日共聞登第喜平生不負讀書心墨題金榜聲名重宴賜瓊林寵渥深他日致君堯舜上蒼生四海望爲霖

元夕珠燈　唐順之

正憐火樹鬭春妍忽見清輝映夜闌出海鮫珠猶帶水滿堂羅袖欲生寒燭花不礙空中影暈氣疑從月裏看爲語東風暫相借來宵還得盡餘歡

贈宮人入道

詔辭禁苑拜金籙，換卻金簪戴玉冠。碧落有時應跨鳳，瑤臺無曲更乘鸞。羽衣振雪春雲靄，仙佩披香夜月寒。幾度步虛雲漢上，雍容猶似御前歡。

冬日過朝天宮　袁煒

簫颯寒空萬木稀，仙宮晴散曉寒微。風疏雲磬隨行佩，松落冰花綴法衣。塵隔蘿烟知地迥，雪殘芝砌覺春歸。年來漸欲尋玄理，幾向丹臺覓靜機。

侍恩榮宴　唐汝楫

萬年天子宴蓬萊五色雲中寶扇開青瑣班隨鵷鷺
列瑶階韶引鳳凰來詞臣上壽陳金鏡羽客來朝捧
玉杯白面書生無以報惟歌天保答涓埃

蘭葵鶺鴒　　申時行

花萼樓前過鶺鴒群飛相逐總含情非關原上秋聲
急自傍林間淑氣鳴影散瑶階葵日午音調玉管蕙
風清當時集木稱奇瑞何似儀庭應聖明

題鷹

何處蒼鷹掣錦絛霜林颯颯灑寒毛攫身萬里層霄

迥側翅三秋殺氣高狡兎還應愁窟穴鷙鳩那敢决蓬蒿　聖明視網開三面搏擊何須借爾曹

杏花雙燕　王錫爵

上苑丹葩照五雲乘風紫燕自爲群乾坤不限陽和色花鳥同娛化日曛對語瓊林頻迓喜啣泥瑶圃競尋芬他時還應高禖候百子枝頭視　聖君

蘆河群鴈

别浦蘆花烟水深秋風翔集候時禽青霄不斷成奇字紫塞何勞寄遠音飲啄渾無繒繳慮往來寧繫稻

梁心隨陽好結能鳴侶春色聯翩滿上林

贈奉使册封親藩　范應期

驂驔歸騎帝城東王氣情開使節通孤劍馬頭懸白日雙旌柳外拂長虹書啣紫禁龍章渙月落黄河樹色空聖主明光勤顧問陳詩還自有豳風

内苑聞鶯　羅萬化

令啟朱明景物華新聲巧囀上林花全枝借得晴初試喬木遷來韻轉賒静裏調簧隨玉輦陰中分綠上宸紗聖朝會見和鸞鳳小鳥綿蠻詎足誇

賀國朝惟善爲寶　趙志皐

被褐懷玲詞　帝都紛紛英俊滿天衢趍陪周廟皆瑚璉侍從虞庭盡瑾瑜此日荆山無泣玉數年滄海斷遺珠自慚燕石非奇寶願學連城待價沽

九日雨中泛舟　鄧以讃

風雨高臺隔紫秋名園且泛木蘭舟寒烟淡挂河邊菊細浪輕搦棹外鷗佳節幾人能勝賞清尊入夜尚淹留莫愁更落龍山帽竹籜而今解戀頭

春盡登山　沈懋學

千峰不斷入嵯峨容裏登臨興若何風景忽看三月暮繁華偏屬武陵多樽前黄鳥鳴芳樹花外青雲繞碧蘿自是皇州春色好望高一和郢人歌

鏡中燈

蓮炬菱花共照臨風吹不動影沉沉一池秋水鎔真火半夜金星犯太陰翠袖拂塵紅焰冷朱唇呵霧碧光深任教來往飛蛾撲難覓虛明一點心

賀皇子百日　　會朝節

百日欣逢睿節新群臣朝賀屬芳辰雲中鳳輦來王

母日表龍顏謁聖人瑞氣正浮三殿曉徽聲齊動六
宮春願將多壽多男祝歲歲年年獻紫宸

賀大婚禮成　馮慶禎

遥望長秋屬帝宮天門瑞氣鬱葱葱金輿日麗趁
中使絳節雲開引上公彩鳳齊鳴三殿曉天桃並發
萬年紅寧論鈎弋宮中寵還嗣周南窈窕風

聞蟬　朱國祚

燕臺歇雨薦涼飈吹送蟬聲滿御墀清影不教塵
外見長吟先入禁中知上林氣煖枝堪托仙掌秋初

露復滋自撫五絃聊對汝空庭疎樹午陰垂

秋聲　　李廷機

月射簷牙漏起籌一天靈籟發清秋擣衣玉杵鳴城角戰葉金飈殺樹頭鴈過瑶空音嚦嚦蛩吟石砌語啾啾更聞長笛一聲響隔岸有人閑倚樓

暮春即事　　袁宗道

春盡烟消望欲迷更憐芳草自凄凄龍沙此日無烽火鯨海何時罷鼓鼙飛絮細沾花霧濕遊絲斜趂樹雲低詔華對爾慚無補東觀空燃太乙藜

玉河氷泮　　　　焦竑

都城二月動微和冉冉流澌下玉河細細柳風恬蕩縠艇古堤氣煖夜鳴珂未看花片隨源出已覺香塵傍水多最是微臣叨寵渥鳳池無日不恩波

黃金臺懷古

昭王遺跡半蒿萊尚有凌空百尺臺駿馬已隨雲滅沒霸圖惟與水潆洄天長草樹層霄接地迥風烟大漢開致士無能恩詔始黃金慚負入燕才

秋雨有懷

九月愁霖濕未乾秋聲的歷動長安雲垂薇閣群烏
下風滿榆關一鴈寒白羽書來兵轉急黄河水落歲
將殘壯心未覺消髀肉夜夜旄頭倚劍看

萬壽節朝賀

曙光初動早朝天殿繞南山護紫烟金鏡欲披鵷鷺
集玉除端拜鼓鍾懸蓂開八葉還知月桃實千秋解
紀年更羨夔龍深獻納佩聲長近袞衣前

雨中春樹　陶望齡

雨色蒼茫薊北天　帝城萬樹總芳妍風吹細靄添

新年望入平林濕曉烟花閣畫陰餘照裡人家春淨
緑楊前物華到處應堪賞　聖澤今看草木徧

頒曆

軒后凝圖玉律懸黃指授節下堯天乾坤更記須正
月宇宙爭傳曆萬年漫訝陽春聯紫極迴看象緯麗
珽編皇輿此日宜無外共慶神功格上玄

萬壽節朝賀

羽林仙仗迤蓬萊一派簫韶拂曙來　帝座高臨南
極逈爐香不動五雲開月輪常抱千秋鏡仙掌初添

萬壽杯最是侍臣多寵渥鳴珂新拜紫宸回

秀水沈司空甲午元日方臥山中夢一客告以

玉殿傳金榜君恩賜狀頭之句初不知所解乙

未讀蕃卷獲爲舉首始信異徵贈蕃以詩

翩翩綵筆擅西京金殿臚傳第一名可但人間稱國

士直從　天子作門生黄分　御座流雲麗錦奪宮

袍映日明夢裏昔曾占勝事相看殊慰野夫情

原韻賦和　　朱之蕃

挾策翩翩集帝京淺才那意荷收名從知郊節瞻依

切寧待酧恩感激生驥尾附來千載重龍頭唱處五
雲明尋常溫飽非吾事努力終酬報國情

咏彈琴

穠陰遶水接簷櫳一枕南薰兩腋風欲鼓更停傳絶
調無絃有韻別枯桐不堪嵇散聊爲適誰謂鍾期遇
已空寄語鏜鞳休奮臂吾方游日送歸鴻

咏月鉤

碧空如洗界清光爲控疎簾照晚粧花郷有情渾美
影魚龍何事欲深藏玉繩露濕斜臨檻銀漢星稀曲

轉廊怪底栖烏驚不定一彎早已落橫塘

咏瀑布

萬峰廻合欲參天千丈驚看匹練懸素女機絲摇皓
月鮫人綃帶漾輕烟匡廬色借香花散鴈宕聲隨鼓
吹傳何必琵京餐沆瀣枕流終日羡潺湲

荅寄楚源丈損惠見懷之作　顧起元

華陽明月幾囬圓遥望星槎過斗邊常侍漫裁秋興
賦舍人新詠早朝篇花磚日涉觚稜轉給索風從瑣
闈懸見說禁中催草急可能丹鑿婦周旋

感懷

宛城名馬入井泉重見呼韓欵塞年春戍有人眄漢月秋笳無客奏前天烟圍苜蓿金飈轉露冷蒲桃玉乳懸莫訝嫖姚頻搦鞠秪今無事勒燕然

許長卿水亭五日

久緣起色倦登樓喜向高陽得勝遊爲有蒲葵開令序況逢簫鼓沸中流千峰思送朱簾雨一水先迴碧樹秋坐惜主人投轄意夜深燈火下滄洲

五言絶句

筆　商輅

象管稱毛穎尋常烟露騰夢中花自發應使鬼神驚

夜泛　黎淳

四濱波浩浩一葦向空渡月近星斗寒始識天上路

春晝吟　程敏政

春江靜不流午枕聽初足白鷗何處來點破湖波綠

教坊婦　王鏊

郎愁秋日花妾恨春堤草春草踏還生秋花開易了

晚霽　程楷

天空鴻有影風定水無紋半樹挂殘日千嶂蒸濕雲

早朝　　霍韜

五夜漏聲殘鳴珂入鷺班流鶯仙仗外百囀語間關

春遊　　鄧以讚

小雨桃花徑輕風杜若洲江南春色滿何處勝生愁

羨農家　　沈懋學

結束學在家功名等戰蝸三春無一事鋤地種蘭花

題畫二首　　唐文獻

古木挂斜陽虛堂倚秋水撫掌倦言歸隔溪暮山紫

其二

蕭寺危峰則叢篁細路通幽人無俗鞅學道訪支公

早朝　陶望齡

待漏入東華紅雲擁帝家遥瞻天闕上宮扇兩行斜

七言絶句

旅況　曾棨

清漏遲遲月轉廊博山銷盡水沉香重城不鎖還家
夢夜夜分明到故鄉

扇面荷花圖　曹彥

玉井芙蓉紅粉腮何人移向月中栽高軒忽漫看圖畫疑是昭陽鏡裡開

春興　倪謙

煖風吹帳日光遲恰似清和四月時黄鳥不知人懶起未明啼上綠楊枝

白鹿仙人圖

百尺蒼松雲氣重千年白鹿洞邊逢仙人月下吹簫處知在緱山第幾峰

咏清塚　彭時

泣抱琵琶恨不禁胡恩終淺漢恩深孤墳君不生青草誰識昭君地下心

山水　柯潛

山外清江江外沙白雲靜處有人家船頭不是仙源近那得飛來數片花

爆竹　黎淳

自憐結束小身材一點芳心未肯灰時節到來寒熖發萬人頭上一聲雷

徽宗畫瓶中桂花圖　章懋

玉色官瓶出宅家天香誰貯月中花六宫只愛新凉好不道金風捲翠華

南陽三顧圖　程敏政

烏鵲巢成漢樹空孫郎奇氣卷江東英雄鼎足三分勢秖在茅廬一語中

幽居

雲繞青山水繞廬松陰花塢勝仙居幽人不逐尋芳伴靜倚南窗晝讀書

畫中四景圖　吳寬

石門斜傍曉山開楊柳陰陰護綠苔何處畫船晴雨外綺羅風裏載春來　右春景

其二

娟娟涼風斷復連青山深處藕花邊誰家樓外停歌舞又上西風小畫船　右夏景

其三

雨晴霜葉曉斑斑多少樓臺翠間誰似漁翁能盡槳往來看盡舊江山　右秋景

其四

西風送冷大瓊樓一夜青山盡白頭斜日棹歌寒水上分明還有晋風流　右冬景

十六夜湖上玩月　王鏊

玉露寒侵鳷鵲觀桂花池館恨悠悠不妨歌舞留人醉一夜清光減却秋

綠楊雙燕圖

晴烟萬葉舞烟空弱羽翻飛避曉風絶勝蕪城春色裏亂鴉高樹夕陽紅

芙蓉　謝遷

傍水施朱意自眞幽棲非是避芳塵已呼晩菊爲兄弟更爲秋江作主人

春晩　程楷

弱柳搓烟落絮輕綠陰初長小池平杜鵑處處催春急不是東風太薄情

思歸

翹首南來路四十白雲如隔幾重天高堂屈指思遊子應道今朝又一年

咏鴈

秋風已占江南界春月還搏冀北雲嘹喨一聲明月
下人間何處不驚聞

茉莉二首　靳　貴

越娘初試素羅裳愛向秋風學靚粧一夜不勝瓔珮
冷晚香亭館有新霜　右白西施

其二

盈盈宮額半塗黃不減花前舊樣粧笑殺阿嬌金屋
貯香衾寒怯夜來霜　右黃西施

墨梅花　錢　福

我家洗硯池邊樹箇箇花開淡墨痕不要人誇好顏色只留清氣滿乾坤

墨桃花

武陵仙子絳綃裳謾向韶華試艷粧一自別來顏色改可憐憔悴見劉郎

張良歸山圖　朱希周

袖卻朝簪別漢家赤松相候在烟霞而今悟得全身計不似從前博浪沙

劉阮天台圖

芙蓉彩幔繡香茵蕙質蘭肌洞一人腸斷仙郎歸去後碧桃空度綺羅春

諸將入朝　康海

大將旌旗朝帝京　至尊親遣貴臣迎侍中獨領嫖姚部戰馬皆歸龍虎營

狼山凱歌　楊慎

盡掃欃搶振羽林八流飛渡草傳音風前鷁退吳山淨月下龍吟江水深

滇海曲二首

碧雞金馬古梁州銅柱嵯峨天際頭試不一滇功第一逢人惟說潁川侯

其二

沙金海貝出西荒桃竹橦花貢上方香象渡河來佛子白狼槃木拜夷王

楊梅　　徐階

折來鶴頂紅猶濕劉破龍睛血未乾若使太眞知此味荔枝焉得到長安

仇將軍南征歌　　唐順之

草木千山鼓角風將軍牧馬夜郎東靈臺同夕占星
色已報旄頭墮海中

塞上曲　袁煒

白羽如霜出塞寒胡烽不斷接長安城頭一片西山
月多少征人馬上看

御池瑞蓮二首　申時行

九疑山下分奇種三子房中吐瑞姿朶朶黄雲團羽
扇爲迎金母下瑤池

其二

芙蓉爲帶菊爲裳高結重臺散異香見說君王常問
纔名花長映御袍黄

牧牛二首

茂草豐林朝雨足蝎來牛背郊原綠笛聲不解理宫
商信口吹成太平曲

其二

縱牧空林喜氣多跨牛敲板踏平莎康衢自味耕田
樂車下無勞扣角歌

牧牛二首　　王錫爵

隴上歸來跨犢行揚鞭遥指暮雲生明朝共把春犂
去聞道　君王欲省耕

其一

春郊牧竪晚來過按拍臨風口自哦一曲昇平原有
調何如長夜飯牛歌

東朝侍直二首　朱國祚

殿廷香藹接雲平一道鑪函夾　陛行肅肅講臣齊
鵠立金蓮影裏喚先生

其二

琉璃光潤絶塵埃咫尺甘霖徧九垓惟恐侍臣侵履
濕命從殿側左邊來

江行咏浣紗女二首　李廷機

嬝嬝腰肢玉一團嫩紅嫩綠淡春暉莫教名字傳宮
掖終遣詩人刺綠衣

其二

卧薪中夜泣孤臣落葉飛霜幾度春能使姑蘇聚麋
鹿誰知却是浣紗人

上苑桃花　焦竑

度索山頭駐彩霞蓬萊宮闕即仙家共傳西苑千秋
實色着東風一樹花

及第謝恩表　吳寬

稽古右文喜值豐亨之運設科取士欲求踈遠之才
自前代以來逮我
朝而盛布帛菽粟渾然猶三代之言月露風雲陋矣
非六朝之體辭達而已文在于茲蓋必先擇于有司
夫然後獻之
天子是惟
聖祖敷求之意至于
文孫恪守而行禮意加隆人文益著如臣等性殊不

曾學本空疎呻吟呫畢之間以歲以月游息範圍之
内如天如淵久蒙作養之恩並與甄收之數食芹而
美惟懷一獻之素心采菲不遺遽辱九重之清問榮
隨寵至感與愧幷茲益伏遇
皇帝陛下禀上智之資居大君之位唐堯之德化不
識而不知虞舜之聰明好問而好察惟末學幸遇乎
大有作爲之主故直言德行于無所忌諱之時爰題
金榜之名載錫瓊林之宴維其階矣方正席以捫心
何以予之忽在筒而被體儀文稠疊顔靣忸怩並

德以當皆不求而至臣等方受寵遇相與告言一飯

不忘豈獨報以國士寸心自誓庶無忝于賢科再期

聖德之益崇永保天休之滋至

又　　舒芬

伏以書獻賢能方待公車之詔言揚敷奏遽登天府

之名裒然逵漸之高倏爾泥蟠之隔遭逢過分忻忭

奚勝茲蓋伏遇

皇帝陛下泰運大來謙光下逮覩人文化成天下賁

飾匪崇升

聖治宜照日中豐亨永保合宮衛室百僚方慶于師
師玉陛丹墀一士不遺于諤諤雖則細流寸壤諒無
補于高深然而葑體芹心敢自盡于側陋各陳膚見
庸助多聞聽徹堯聰幸面陳于諷諫明分舜目勞手
筆以標題臚句聲傳雲外簫韶並下恩袍動色禁中
草木同輝京兆引騶儀曹致享衣冠在笥鏹幣分玲
禮數便蕃知儀文之從舊
聖情咨眷感
寵遇之維新臣等樗櫟庸材駑駘下質荷此難酬之

大造思捐巳獻之微軀德業相期共保終身之遇忠貞自守寧忘始進之心

又　　諸大綬

聖主當陽啓天下文明之運皇圖永泰應日中盛大之符昌期允慶于遭逢榮寵實逾乎意望恭遇

皇帝陛下堯仁廣覆舜哲周知壽考作人多士悉歸于造就中和建極兆民允賴于生成謂天工須代以人循制科而取士念國是必稽于衆賜

清問以求言元首股肱昭示相資之義臣鄰疏附爰

興克聖之恩顧芻蕘何益于知能而葑菲誤蒙于采
錄親題甲第渙發臚傳簉跡彤墀幸對北辰之近標
名金榜忻聯東壁之輝
命京兆以送歸啟春曹而賜宴冠袍特賜寵分在笥
之玲鏦楮均頒恭拜
自天之錫撫膺感激荷
恩禮之維隆稽首稱揚愧名言之莫罄臣等敢不率
循幼學砥礪初心勿諼勿斁奉
照臨于日月爲忠爲孝酬

化育于乾坤伏願
聖壽益增兼唐虞而立極
乾綱總覽御普率以承天賢俊彙征四海戴無前之
治明良相慶萬年歌有道之長

又　　丁士美

奎躔天開蔚國仰文明之象乾符
聖握一人操制作之權荷
大造以兼容愧凡材之並錄茲蓋伏遇
皇帝陛下道備君師德侔天地

寧臨華夏普六合以咸寧

仁育黎元無一夫之不獲至敬恒持於夙夜淵衷每

勅于時幾

神聖獨隆猶切求賢之念雍熙允洽尚勤望治之心

爰降

絲綸下詢帝布圖用人理財之大要迓祈天永命之

洪休自分芻蕘曷克對揚

明命並期對菲猥蒙次第恩榮際會風雲共慶泰交

之盛沾濡雨露叨承晉錫之蕃京兆迭歸南宮[illegible]

冠袍特賜出尚方玲瓏之奇樣鎰均頒布內帑寶元

之富臣等仰

龍宸而戴德極知覆載之難名趍鵷列以覲光何幸

照臨之孔邇敢不勉行幼學誓勵初心期不負于登

延庶少申于報荅伏願

建中三極介福萬年文運與國運而並隆地久天長

永撫亨昌之祚臣心體

君心而共濟景從雲附載賡

喜起之歌

終

明三及第會元考目録卷之五

洪武四年辛亥至萬曆三十五年丁未　照前

明會元及第通考

會元某名某人某官

狀元某名見前

榜眼某名某人某官

探花某名某人某官

歷科狀元總考

狀元會登解元會元

狀元官至尚書至閣老

狀元年少永年不永年

狀元蔭後人後有謚

京省及第會元分考

兩京十三省歷科

及第各幾人

會元各幾人

附及第會元命造

狀元命造評註

洪武四年辛亥

會元俞友仁浙江仁和人 中三甲二十六授濟南府長山縣丞

狀元吳伯宗

榜眼郭翀山西潞州人 授禮部主事

探花吳公達浙江麗水人 授戶部主事

洪武十八年乙丑

會元黃子澄江西分宜人 中一甲第三授修撰一甲官翰林自此始

狀元丁顯

榜眼練子寧江西新淦人　亦授修撰

探花郎子澄　官至副使御史

是科泰和蕭子韶木匠之子登第時　高皇問其父

家世對以一絶云嚴親留習魯般機當年製下青

雲梯腰間帶得純鋼斧要斫蟾宮第一枝

洪武二十一年戊辰

會元施顯直隸常熟人　仕至御史

狀元任亨泰

榜眼唐震福建閩縣人

探花盧原質浙江寧海人

洪武二十四年辛未

會元許　觀見前

狀元郎　觀

榜眼張顯宗福建寧化人

探花吳言信福建邵武人

洪武二十七年甲戌

會元彭　德陝西鳳翔人

狀元張　信

榜眼耿　清陝西真寧人

探花戴德彝浙江奉化人

洪武三十年丁丑

會元宋　琮江西泰和人　仕至檢討

狀元陳　郊　春榜

韓克忠　夏榜

榜眼王　恕山東長清人　仕至吏部尚書謚端毅　壽九十三

探花焦　勝山西樂平人

洪武三十三年庚辰

會元吳　溥江西崇仁人　中第二甲第一仕至司業

狀元胡　廣

榜眼王　艮江西吉水人　官至按察使

探花李　貫江西廬陵人

永樂二年甲申

會元楊　相江西泰和人　仕至主事

狀元曾　棨

榜眼周　述江西吉水人　原中第三名臚傳時上曰弟不可先兄乃易弟后

探花周孟簡　述之弟也

永樂四年丙戌

會元朱　縉江西永豐人　中第二甲第一仕至郎中

狀元林　環

榜眼陳　全福建長樂人

探花劉　素江西永豐人

永樂九年辛卯

會元陳　燧浙江寧海人　仕至僉事

狀元蕭時中

榜眼苗　衷直隸定遠人　年二十九中尚[illegible]

探花黄　旸福建莆田人

永樂十年壬辰

會元林　誌福建閩縣人　年三十五鄉試解元殿試榜眼仕至諭德

狀元馬　鐸

榜眼即　誌

探花王　鈺浙江諸曁人

永樂十三年乙未

會元洪　英福建懷安人　仕至都御史

狀元陳　循

榜眼李　貞福建南靖人

探花陳景著福建閩縣人　年十八中尚未娶

永樂十六年戊戌

會元董　璘直隸高郵人

狀元李　騏

榜眼劉　江直隸江寧人

探花鄧　珎江西吉水人

永樂十九年辛丑

會元陳　中福建莆田人　仕至員外

狀元曾鶴齡

榜眼劉　矩直隸開州人

探花裴　綸湖廣監利人

永樂二十二年甲辰

會元葉　恩浙江臨海人　仕至知府

狀元邢　寬

榜眼梁　禋順天宛平人

探花孫曰恭江西豐城人　常擬第一成祖謂曰恭乃一暴字遂取邢寬

宣德二年丁未

會元趙　玥浙江黃岩人　仕至主事
狀元馬　愉
榜眼杜　寧浙江天台人
探花謝　璉福建龍溪人　仕至侍郎
宣德五年庚戌
會元陳　詔浙江青田人　仕至都憲
狀元林　震
榜眼龔　錡福建建安人
探花林　文福建莆田人　仕至尚書

宣德八年癸丑

會元劉　哲江西萬安人

狀元曹　鼐

榜眼趙　恢福建連江人

探花鍾　復江西永豐人

正統元年丙辰

會元劉定之江西永新人　殿試探花仕至入閣

狀元周　旋

榜眼陳　文江西廬陵人

探花卽定之

正統四年己未

會元楊 鼎陝西咸寧人 鄉試解元 殿試榜眼

狀元施 槃

榜眼卽 鼎

探花倪 謙應天上元人 仕至尚書

正統七年壬戌

會元姚 夔浙江桐廬人 鄉試解元彩龍同榜進士仕至尚書

狀元劉 儼

榜眼呂　原浙江秀水人　鄉試解元仕入內閣

探花黃　諫陝西蒲縣人

正統十年乙丑

會元商　輅見前

狀元即　輅

榜眼周洪謨四川長寧人　是年二十六未娶鄉試解元官至尚書

探花劉　俊陝西寶雞人

正統十三年戊辰

會元岳　正順天漷縣人　殿試探花仕至內閣

狀元彭　時
榜眼陳　鑑直隸長州人
探花郎　正
景泰二年辛未
會元吳　匯江西新淦人　中二甲第一仕至司業
狀元柯　潛
榜眼劉　昇江西永新人　會試第二
探花王　俱直隸武進人
景泰五年甲戌

會元彭　華江西安福人　官至大學士

狀元孫　賢

榜眼徐　溥直隸宜興人　仕至入閣

探花徐　轄直隸武進人

天順元年丁丑

會元夏　積江西吉水人　鄉試第三仕至郎中

狀元黎　淳

榜眼徐　瓊江西金谿人

探花陳秉忠浙江烏程人

天順四年庚辰

會元陳　選浙江臨海人　仕至布政

狀元王一夔

榜眼李永通四川長寧人

探花鄭　環浙江仁和人

天順八年甲申

會元吳　鉞直隸崑山人　殿試榜眼仕至少卿

狀元彭　教

榜眼即　鉞

探花羅　景江西泰和人

成化二年丙戌

會元章　懋浙江蘭谿人　官至尚書

狀元羅　倫

榜眼程敏政直隸休寧人　鄉試第二官至學士

探花陸　簡直隸武進人　鄉試解元

成化五年己丑

會元費　誾直隸丹徒人　中二甲二名仕至侍郎

狀元張　昇

榜眼丁　溥直隸華亭人　鄉試第二
探花董　越江西寧都人
成化八年壬辰
會元吳　寬　見前
狀元吳　寬
榜眼劉　震江西安福人
探花李仁傑福建莆田人
成化十一年乙未
會元王　鏊直隸常熟人　鄉試解元　殿試探花

狀元謝遷

榜眼劉戩　江西安福人

探花卽鏊

成化十四年戊戌

會元梁儲　廣東順德人　中二甲一名仕入內閣

狀元曾彥

榜眼楊守阯　浙江鄞縣人　鄉試解元

探花曾追　江西太和人　祖鶴齡狀元學士父蒙簡按察使

成化十七年辛丑

會元趙　寬直隸吳江人　仕至廉使

狀元王　華

榜眼黃　珣浙江餘姚人　鄉試解元

探花張天瑞山東清平人　鄉試第三

成化二十年甲辰　中二甲二名仕至吏部

會元儲　巏直隸泰州人　侍郎

狀元李　旻

榜眼白　鉞直隸南宮人　鄉試解元

探花王　敕山東歷城人　鄉試第二

成化二十三年丁未

會元程 楷江西樂平人 中二甲一名仕至編脩

狀元費 宏

榜眼劉 春四川巴縣人

探花涂 瑞廣東番禺人

弘治三年庚戌

會元錢 福 見前

狀元卽 福

榜眼劉存業廣東東莞人 鄉試第二

探花靳　貴直隸丹徒人　鄉試解元會試第二

弘治六年癸丑

會元汪　俊江西弋陽人　仕至尚書

狀元毛　澄

榜眼徐　穆江西吉水人　鄉試第二

探花羅　欽順江西泰和人

弘治九年丙辰

會元陳　瀾直隸山陽人　鄉試第二　殿試探化　仕至修撰

狀元朱　希周

榜眼王　贊浙江永嘉人　鄉試第二

探花郎　瀾

弘治十二年己未

會元倫文叙　見前

狀元倫文叙

榜眼豐　熙浙江鄞縣人

探花劉　龍山西襄垣人　鄉試第二

弘治十五年壬戌

會元魯　鐸湖廣景陵人　中二甲二名仕至祭酒

狀元康　海

榜眼孫　清浙江餘姚人　順天鄉試第二

探花李廷相山東濮州人

弘治十八年乙丑

會元董　玘浙江會稽人　年二十三未娶鄉試第二殿試榜眼仕侍郎

狀元顧鼎臣

榜眼即　玘

探花謝　丕浙江餘姚人　順天鄉試解元會試第四

正德三年戊辰

會元邵銳浙江仁和人　少卿

狀元呂柟

榜眼景暘應天上元人

探花戴大賓福建莆田人　中年十九歲

正德六年辛未

會元鄒守益江西安福人　儒士年二十一　殿試探花

狀元楊慎

榜眼余本浙江鄞縣人

探花鄒守益

正德九年甲戌

會元霍　韜廣東南海人　鄉試經魁　殿試二甲二名官至尚書

狀元唐　皋

榜眼黃　初江西貴溪人

探花蔡　昂直隸嘉定人　鄉試經魁會試第二

正德十二年丁丑

會元倫以訓廣東南海人　儒士年二十鄉試第六殿試榜眼父文敘狀元

狀元舒　芬

榜眼即以訓

正德十六年辛巳

會元張　治湖廣茶陵人　官至太學士

狀元楊維聰

榜眼陸　釴浙江鄞縣人

探花費懋中江西鉛山人

嘉靖二年癸未

會元李舜臣山東樂安人　中二甲一名仕太常卿

狀元姚　淶

榜眼王　教順天良鄉人

探花徐　階直隸華亭人　年二十一未娶官至首相

嘉靖五年丙戌

會元趙時春陝西平涼人　中年十七官至都憲

狀元龔用卿

榜眼楊維傑順天固安人　父和長史兄維聰狀元

探花歐陽衢江西泰和人

嘉靖八年巳丑

會元唐順之直隸武進人　年二十一中二甲一名官至都憲

狀元羅洪先
榜眼程文德浙江永康人
探花楊　名四川遂寧人　鄉試解元
嘉靖十一年壬辰
會元林　春福建福清人　仕至郎中
狀元林大欽
榜眼孔天胤山西汾州人
探花高　節四川羅江人
嘉靖十四年乙未

會元許　穀福建侯官人

狀元韓應龍

榜眼孫　陞浙江餘姚人

探花吳　山江西高安人

嘉靖十七年戊戌

會元袁　煒浙江慈谿人　鄉試第二　殿試探花　官大學士

狀元茅　瓚

榜眼羅　埕江西泰和人

探花袁　煒

嘉靖二十年辛丑

會元林樹聲直隸華亭人　　鄉試第五官至尚書

狀元沈　坤

榜眼潘　晟浙江新昌人　　官至尚書

探花林一鳳河南祥符人

嘉靖二十三年甲辰

會元瞿景淳直隸常熟人

狀元秦鳴雷

榜眼吳　淳

探花吳　情常州無錫人

嘉靖二十六年丁未

會元胡正蒙浙江餘姚人　殿試探花仕至祭酒

狀元李春芳

榜眼張　春江西新喻人

探花即正蒙

嘉靖二十九年庚戌

會元傅夏器福建南安人　仕至郎中

狀元唐汝楫

榜眼呂調陽廣西臨桂人　仕至內閣

探花姜金和江西鄱陽人

嘉靖三十二年癸丑

會元曹大章直隸金壇人　殿試榜眼仕至編脩

狀元陳　謹

榜眼即大章

探花溫應祿浙江烏程人

嘉靖三十五年丙辰

會元金　達江西浮梁人　鄉試第三　殿試探花

狀元諸大綬

榜眼陶大臨浙江會稽人

探花郎達

嘉靖三十八年己未

會元蔡茂春順天三河人　中二甲一名仕至郎中

狀元丁士美

榜眼毛惇元浙江餘姚人

探花林士章福建漳浦人　仕至尚書

嘉靖四十一年壬戌

會元王錫爵直隸太倉人 鄉試經魁 殿試榜眼 官至首相

狀元徐時行

榜眼即錫爵 弟鼎爵進士子衡解元會元榜眼

探花余有丁浙江鄞縣人 仕至内閣

嘉靖四十四年乙丑

會元陳棟江西南昌人 殿試探花仕至賛善

狀元范應期

榜眼李自華浙江嘉善人 年二十歲

探花即棟

隆慶二年戊辰

會元田一儁福建延平人　官至尚書

狀元羅萬化

榜眼黃鳳翔福建晉江人　官至尚書

探花趙志皐浙江蘭谿人　官至首相

隆慶五年辛未

會元鄧以讚江西新建人　殿試探花

狀元張元忭

榜眼劉瑊江西峽江人

探花郎以讃

萬曆二年甲戌

會元孫鑛浙江餘姚人　祖燧都御史父陞及第尚書

狀元孫繼皐

榜眼余孟麟直隷祁門人

探花王應選直隷人

萬曆五年丁丑

會元馮夢禎浙江秀水人

狀元沈懋學

榜眼張嗣脩湖廣江陵人　父居正首相

探花曾朝節湖廣臨武人

萬曆八年庚辰

會元蕭良有湖廣漢陽人　殿試榜眼弟良譽同科進士

狀元張懋脩

榜眼即良有

探花王廷譔山西華州人

萬曆十一年癸未

會元李廷機福建晋江人　鄉試解元　殿試榜眼

狀元朱國祚
榜眼䣊廷機
探花劉應秋江西吉水人　鄉試解元
萬曆十四年丙戌
會元袁宗道湖廣公安人
狀元唐文獻
榜眼楊道賓福建晉江人
探花舒弘志廣西全州人
萬曆十七年己丑

會元陶望齡浙江會稽人 鄉試第三殿試探花父
承學公禮部尚書

狀元焦竑

榜眼吳道南江西崇仁人

探花卽望齡

萬曆二十年壬辰

會元吳默直隸吳江人

狀元翁正春

榜眼史繼偕福建晉江人

探花顧天埈直隸崑山人

萬曆二十三年乙未

會元湯賓尹直隸宣城人　殿試探花

狀元朱之蕃

榜眼孫慎行直隸武進人

探花即賓尹

萬曆二十六年戊戌

會元顧起元直隸江寧人　殿試探花

狀元趙秉忠

榜眼邵景堯浙江象山人

探花郎起元

萬曆二十九年辛丑

會元許　獬福建同安人

狀元張以誠

榜眼王　衡直隸太倉人　鄉試解元會試第二父荆石公會元榜眼首相

探花會可前湖廣石首人

萬曆三十二年甲辰

會元楊守勤　見前

狀元郎守勤

榜眼孫承宗直隸高陽人
探花吳宗達直隸武進人
萬曆三十五年丁未
會元施鳳來浙江平湖人
狀元黄士俊
榜眼卽鳳來
探花張瑞圖福建晉江人
萬曆三十八年庚戌
會元

狀元

榜眼

探花

歷科狀元總考

狀元曾登解元者八人

吳伯宗　許觀　李騏　商輅　彭教

謝遷　李旻　楊維聰

狀元曾登會元者六人

許觀　商輅　吳寬　錢福　倫文叙

楊守勤

狀元入內閣者十二人

胡廣　林環　曹鼐　陳循　馬愉

商輅　彭時　謝遷　費宏　顧鼎臣

李春芳　申時行

狀元官尚書者十人

任亨泰　黎淳　王一夔　張昇　吳寬

王華　毛澄　朱希周　秦鳴雷　羅萬化

狀元年少者十五人

費宏二十　林大欽二十二　施槃二十三　楊慎二十四

朱希周二十四　龔用卿二十六　羅洪先二十六　彭教二十一

謝遷二十七　秦鳴雷二十七　康海二十八　陳謹二十九

徐時行二十八 孫繼皐二十六 朱國祚二十五

狀元求年者十八人

朱希周六十三 謝遷八十三 王華七十七 商輅七十二

楊慎七十二 吳寬七十 黎淳七十 彭時七十八

費宏六十八 顧鼎臣六十八 劉儼六十四 呂柟六十四

毛澄六十三 羅洪先六十二 曾棨六十一 秦鳴雷八十

李春芳七十七 羅萬化六十一

狀元不求者五人

彭教 曾彥 施槃 韓應龍 林大欽

狀元蔭後者三人

胡　廣子種入翰林　吳　寬卒後蔭二子

曹　鼐因土木之變一子爲大理評事一爲修撰至英廟復辟又官其長孫爲錦衣百戶

狀元有謚者十六人

胡文穆廣　曾榮襄棨　曹文忠鼐　劉文介儼

施莊僖槃　商文毅輅　彭文憲時　黎文僖淳

羅文毅倫　張文僖昇　吳文定寬　謝文正遷

費文憲宏　毛文簡澄　朱恭靖希周　顧文憲鼎臣

國朝狀元謚俱文惟曾公追謚曰榮施公傳謚曰莊

朱公遴諒曰恭

會元中榜眼探花者二十三人

黄子澄　林誌　楊鼎　吴釴　王鏊

陳瀾　董玘　鄒守益　倫以訓　袁煒

瞿景淳　胡正蒙　曹大章　金達　王錫爵

陳棟　鄧以讃　蕭良有　李廷機　陶望齡

湯賓尹　顧起元　施鳳來

會元榜眼探花入内閣者十三人

劉定之會元探花　岳正會元　彭華會元

王　鏊會元探花　梁　儲會元　張　治會元
徐　階探花　袁　煒會元探花　呂調陽榜眼
王錫爵會元榜眼　余有丁探花　趙志皋探花
李廷機會元榜眼

京首三及第會元分考

北直隸及第七人會元四人

狀元二人

曹鼐 楊維聰

榜眼四人

劉矩 梁禋 白鉞 楊維傑

探花一人

陳瀾

會元四人

岳正　儲巏　陳瀾　蔡茂春
南直隸及第五十人會元十五人
狀元十八人
許觀　邢寬　施槃　吳寬　錢福
毛澄　朱希周　顧鼎臣　沈坤　李春芳
丁士美　徐時行　孫繼皐　沈懋學　唐文獻
焦竑　朱之番　張以誠　唐皐
榜眼十六人
苗衷　劉江　陳鑑　徐溥　吳鉞

程敏政　丁溥　景暘　瞿景淳　曹大章
王錫爵　劉瑊　余孟麟　孫慎行　王衡
孫承宗
探花十六人
倪謙　王倎　徐轄　陸簡　王鏊
靳貴　蔡昂　崔桐　徐階　吴情
林一鳳　王應選　顧天埈　湯賓尹　顧起元
吴宗達
會元十五人

施顯　董璘　吴鉞　費闇　吴寬
王鏊　趙寬　唐順之　林樹聲　瞿景淳
曹大章　王錫爵　吴默　湯賓尹　顧起元
浙江及第四十六人會元十八人
狀元十七人
張信　周旋　商輅　謝遷　王華
李旻　姚淶　韓應龍　茅瓚　秦鳴雷
唐汝楫　諸大綬　范應期　羅萬化　張元忭
朱國祚　楊守勤

榜眼十六人

杜寧 呂原 楊守阯 黄珣 王瓚

豐熙 余本 陸釴 程文德 孫陞

潘晟 陶大臨 毛惇元 李自華 鄧景堯

施鳳來

探花十三人

吴公達 盧元質 戴德彝 王鈺 陳秉中

鄭環 謝丕 袁煒 胡正蒙 温應祿

余有丁 趙志皋 陶望齡

會元十八人

俞友仁　陳璲　葉恩　趙冏　陳詔

姚夔　商輅　陳選　章懋　董玘

邵銳　袁煒　胡正蒙　孫鑛　馮夢禎

陶望齡　楊守勤　施鳳來

江西及第四十九人會元十七人

狀元十六人

吳伯宗　胡廣　曾棨　蕭時中　陳循

曾鶴齡　劉儼　彭時　王一夔　彭教

羅倫 張昇 曾彥 費宏 舒芬

羅洪先

榜眼十人

練子寧 周述 劉昇 涂瓊 劉震

劉戩 徐穆 黃初 羅理 張春 吳道南

探花二十二人

黃子澄 王艮 李貫 周孟簡 劉素

鄧珎 孫日恭 鍾復 劉定之 羅璟

董越 曾追 羅欽順 鄒守益 費懋中

歐陽衢　吳　山　婁金和　金　達　陳　棟
鄧以讚　劉應秋
會元十七人
黄子澄　宋　琮　吳　溥　楊　相　朱　縉
劉　哲　劉定之　吳　匯　彭　華　陳　積
程　楷　錢　福　汪　俊　鄒守益　金　達
陳　棟　鄧以讚
福建及第二十九人會元九人
狀元十人

丁顯 陳郯 林環 馬鐸 李騏

林震 柯潛 龔用卿 陳謹 翁正春

榜眼一十一人

唐震 林誌 張顯宗 陳全 李貞

龔錡 趙恢 黃鳳翔 李廷機 楊道賓

史繼偕

探花八人

黃暘 陳景著 謝璉 林文 李仁傑

戴大賓 林士章 張瑞圖

會元九人

林誌　洪英　陳中　林春　許穀

傅夏器　田一儁　李廷機　許獬

湖廣及第八人會元四人

狀元三人

任亨泰　黎淳　張懋脩

榜眼二人

張嗣脩　蕭良有

探花三人

裴綸　曾朝節　曾可前

會元四人

魯鐸　張治　蕭良有　袁宗道

廣東及第六人會元四人

狀元三人

倫文叙　林大欽　黄士俊

榜眼三人

劉存業　倫以訓

探花一人

涂　瑞

會元四人

梁　儲　倫文叙　霍　韜　倫以訓

四川及第六人

狀元一人

楊　愼

榜眼三人

周洪謨　李永通　劉　春

探花二人

楊名 高節

陝西及第六人會元三人

狀元二人

康海 呂柟

榜眼二人

耿清 楊閂

探花二人

黃諫 劉俊

會元三人

彭德　楊𣶒　趙時春

河南及第二人

狀元一人

孫賢

榜眼一人

王教

山東及第六人會元一人

狀元三人

韓克忠　馬愉　趙秉忠

榜眼一人
王恕
探花二人
王勑　李廷相
會元一人
李舜臣
山西及第五人
榜眼二人
郭翀　孔天胤

探花三人

焦勝 劉龍

廣西及第二人

榜眼一人

吕調陽

探花一人

舒弘志

卷終

附三及第會元命造

狀元曾棨　狀元陳郊　狀元林環　狀元曹鼐

壬子　壬寅　乙卯　甲申

己酉　乙巳　辛巳　丙寅

戊戌　庚寅　乙酉　庚戌

壬子　丙子　丙戌　辛巳

華職遭刑　仕至文淵閣　初任典史后中

壽四十止　狀元入閣蔭子

狀元陳循　狀元林震　狀元柯潛　狀元王一夔
乙丑官太學士　乙卯　癸卯　甲辰
己卯　己卯　乙丑　丙子
戊申　己巳　癸亥　丙申
甲寅　乙亥　癸丑　乙未
狀元馬愉　狀元商輅　狀元孫賢　狀元羅倫
乙亥　甲午三元入閣　甲辰　辛亥
丙戌　丁卯　甲戌　庚寅
丙辰　己巳　壬寅　丙子
己丑　辛未　己丑　乙丑

狀元韓應龍　狀元沈坤　狀元林大欽　狀元茅瓚
戊午　丁卯　辛未　己巳
壬戌　壬子　庚子　癸酉
戊申　己酉　壬子　乙未
甲寅　乙亥　戊申　甲申
狀元秦鳴雷　狀元李春芳　狀元陳謹　狀元丁士美
戊寅　庚午仕至入閣　乙酉　辛巳
乙卯　己丑　己丑　壬辰
辛未　丁酉　丙寅　己巳
己亥　癸卯　庚寅　壬申

狀元范應期　狀元羅萬化　狀元張元忭　狀元朱國祚
丁亥　丙申　戊戌　己未
辛亥　戊戌　癸亥　癸酉
辛亥　戊辰　戊午　甲子
辛卯　丙辰　甲寅　乙丑
狀元焦竑　狀元孫繼皐　狀元唐文獻　狀元翁正春
庚子　己酉　丙辰　壬子
戊子　壬申　辛卯　癸丑
癸丑　丁亥　丙申　己卯
壬戌　庚戌　壬辰　己巳

榜眼吕原　榜眼周洪謨　榜眼徐穆　榜眼會元董玘
庚戌　庚子　戊子　癸卯
癸未　壬午　甲寅　辛酉
丁未　辛酉　庚午　丙子
乙巳　壬辰　丁亥　戊子
榜眼孫陞　榜眼劉存業　榜眼豐熙　榜眼黄初
辛酉　庚辰　庚寅　丁酉
壬辰　戊子　丁亥　丙申
甲戌　壬子　壬申　壬戌
乙亥　乙巳　辛丑　丙午

榜眼會元倫以訓　榜眼羅珵　榜眼會元瞿景淳　榜眼會元王錫爵

戊午　癸丑　丁卯　甲午入閣

乙丑　甲子　丁未　癸未

庚寅　丙午　巳巳　丙戌

丁丑　巳亥　庚午　甲午

榜眼會元李廷機　榜眼潘晟　榜眼呂調陽　榜眼黃鳳翔

壬寅　丁丑　丙子入閣　巳亥尚書

辛亥　丁未　辛卯　丁丑

巳巳　壬午　巳巳　甲戌

戊辰　辛亥　乙亥　辛未

榜眼楊道賓　榜眼史繼偕　探花李仁傑　探花會元王鏊

壬子　辛酉　壬子　庚午

己酉　辛卯　壬寅　乙酉

庚午　己酉　丁未　戊子

戊寅　甲戌　辛亥　癸丑

探花李廷相　探花蕭越　探花靳貴　探花戴大賓

辛丑　辛亥　甲申　庚戌

甲午　壬辰　丙寅　甲申

丙申　辛亥　甲辰　戊辰

戊戌　戊子　丙寅　庚申

探花蔡昂　探花徐階　探花吳晴　探花會元金達
辛丑　癸亥入閣　甲子　辛酉
庚子　壬戌　丙寅　乙未
戊寅　癸未　甲戌　丁巳
甲寅　壬子　丁卯　己酉
探花崔桐　探花會元袁煒　探花會元胡正蒙　探花林士章
己亥　戊辰入閣　癸酉　甲申尚書
丁卯　癸亥　乙卯　丙子
己未　壬午　甲午　庚寅
辛未　丙午　丁卯　乙酉

探花余有丁　探花趙志皐　探花會元陳棟　探花舒弘志

丁亥入閣　甲申入閣　丁酉　戊辰

癸卯　戊辰　乙巳　甲寅

乙丑　戊寅　丙午　己卯

戊寅　壬戌　丙申　戊辰

會元梁儲　會元鄒守益　會元張治　會元趙時春

辛未官至入閣　辛亥　戊申官大學士　己巳

丙申　辛卯　辛酉　丁卯

丁未　丁未　丁未　庚寅

辛亥　丁未　庚戌　壬午

會元許穀　會元霍韜　會元李舜臣　會元唐順之

甲子　丁未　乙未　丁卯

戊辰　乙巳　戊子　辛亥

壬辰　庚寅　乙亥　乙亥

壬寅　丙子　丙戌　庚辰

會元林樹聲　會元傅夏器　會元田一儁　會元許獬

己巳　己巳　庚子　庚午

丁卯　己巳　辛巳　丙戌

辛未　癸巳　丙寅　乙丑

丙申　丙辰　丙申

附狀元命造評註

狀元吳寬

生于　乙卯　己丑　丙辰　壬辰　官生印印生

身財名兩利書曰生逢正印必拜玉堂

狀元謝遷

生于　己巳　丁丑　甲戌　甲子　本命己巳前數六位則爲時之甲子後數六位則爲日之甲戌正合經所謂後先喜陰陽之對偶蓋以陰陽參和不偏也况後先兼之豈不尤爲奇乎天干甲地支戌夾拱

天門之驛馬亥甲子爲戊儀所從出甲戌爲巳儀所
從出戊巳秉天地冲和之氣而匡輔于清廟明堂之
上爲亥豈非至貴之造乎運行甲戌年臨乙未又爲
乾坤之合德所以大魁天下其運起于丙子乙亥右
旋以至于庚午復與本命巳巳相接乃于六位包藏
之外豈非造化之至妙者哉

狀元王華

生于　丙寅　戊戌　甲午　乙亥　是爲超凡入

聖又爲六甲趍乾而不見官星名曰青雲得路

狀元李旻

生于　丙寅　丁亥　己未　乙亥　乃時居貴地

傳巖興作相之才又日貴人在玉堂之上咫尺龍顔

狀元費宏

生于　戊子　乙卯　丁巳　丁未　五行以午爲

端門此命日時虛拱午前有巳午後有未一拱一揖

而端門清肅正令所謂拱揖端門早遇九重之詔

狀元錢福

生于　辛巳　癸巳　戊辰　辛酉　夫戊干詞館

學堂皆在月令之巳戌又合於癸祿於巳况癸巳爲
坐貴之辰所以庚寅運中逢庚戌年兩庚生癸而寅
戌會火二月巳卯爲癸水長生之地助癸合戌化火
以增詞館之文明三月又逢庚辰益助詞館學堂之
美大魁天下不亦宜哉後此巳丑運巳克癸水而戌
失其財且戌生人而遇酉時所謂寅申巳亥雞頭粉
碎乃破碎殺也故解克有終

狀元毛澄

生于　庚辰　乙酉　乙丑　乙酉　爲龍鳳呈祥

又乙木爲平地木遇金局爲藤蔓附物而生必得金芟除蒿萊方能成遂書云惟有坦然平地木無金安得上青霄是也

狀元朱希周

生于　癸巳　己未　壬午　庚子　夫己爲官己祿在午午雖爲子所冲喜午與未合所謂貴在冲官逢合也且癸巳納音爲水己未爲火壬午爲木庚子爲土胎元庚戌爲金五行皆備且癸巳屬甲申旬己未屬甲寅旬壬午屬甲戌旬庚子屬甲午旬庚戌屬

甲辰旬所謂五福集祥也

狀元顧鼎臣

生于　癸巳　乙卯　丙戌　乙未　亦爲官生印印生身與朱狀元同邑同年五月之間一邑而産狀元二人爵位相若亦奇矣

狀元倫文叙

生于　丁亥　甲辰　乙亥　乙酉　正合三奇格又時居貴地詩曰欲識三奇何者是財官印綬一同推天元旺健無虧損嗜手功名貴不差桂中若見財

官印爲三奇要主旺必主極品之貴

狀元康海

生于 乙未 癸未 丁酉 丙午 本丁火坐酉

地爲貴神生于未月土旺生金乃貴神得氣況行庚辰金運辰與酉合壬戌年壬爲正官與丁合納音又水應官星月遇甲辰爲正印是以大魁天下後運巳卯火敗之地衝破酉貴刑壞午祿助乙爲梟不仁甚矣

狀元呂柟

生于　巳亥　巳巳　丁未　丙午　爲時歸日祿
又以巳亥巳巳納音之木歸于丙午丁未天河之水
所謂乘槎泛天河也

狀元楊愼

生于　戊申　甲子　乙丑　庚辰　日干乙元透
出戊寅而申子辰合成水局是明透財官暗藏印綬
甲戊庚又應三奇之格日干乙貴原于年月二支乃
承祖父根基之蔭也年月時聚貴于身位之丑又有
羅紋之貴命坐丑宮而太陽居寅太陰居子是爲日

月拱命辛未科在丙寅運中丙辛有合德之祥一未
助三奇之貴際此氣數宜其魁天下于少年也所惜
運交戊辰號曰天羅財印入墓己巳庚午以來土傷
印火傷官皆不得爲佳

狀元唐皐

生于　己丑　丙寅　甲戌　庚午　以年月日三
納音之火而歸于時午離火之位所謂火入印堂也
且甲生寅月木氣朴堅得寅午戌火局以洩木氣所
謂木能生火木榮昌木火通明拜聖王惜西北方運

木火無氣直行巳未戊午南運火方得氣而木有傷所以大魁天下而壽不永也

狀元姚淶

生于　戊申　丁巳　丙辰　乙未　爲時歸貴地

又日干丙祿旺于月令之巳書云月令建祿不住祖屋一見財官自然發福運行庚申辛酉壬戌癸亥甲子財官之地發福可知

狀元龔用卿

生于　辛酉　甲午　辛未　巳丑　爲金雞唱曉

格又年辛酉納音爲木月甲午納音爲金日辛未納音爲土時己丑納音爲火胎元乙酉納音爲水乃五行皆備其格尤美

狀元羅洪先

生于　甲子　乙亥　辛未　戊子　爲八位官星逢貴又爲六陰朝陽格

狀元唐汝楫

生于　甲戌　壬申　丁酉　辛亥　爲虛一待用倚人間世格又丁酉爲坐貴日而壬水官星乘旺壬

生于申祿于亥又官多作殺論書曰殺旺提綱天榜
狀頭可許所以大魁天下

狀元徐時行

生于　乙未　乙酉　甲辰　乙亥　爲正氣官星
格八月官星乘旺日干甲木稍弱得年月時未酉亥
順布子下而三乙助甲順列于上又甲生于亥順生
乘旺尤爲奇特

終

ISBN 978-7-5010-6149-5

定價：160.00圓